L'ODYSSÉE DES SIGNES

Édition : Stéphanie Viards
Maquette et design du coffret : Jennifer Simboiselle
Illustrations : Soofette
Correction : Hélène Meurice

76, boulevard Pasteur
75015 Paris - France
ISBN : 978-2-38564-047-7

LULUMINEUSE

Illustrations de Soofette

L'ODYSSÉE DES SIGNES

animae

SOMMAIRE

INTRODUCTION

Dans ce jeu mystique, chaque carte représente un monde aux aspects mystérieux et enchanteurs.

Ces mondes sont des lieux exotiques, des moments suspendus dans le temps, des scènes captivantes, des paysages envoûtants et des ambiances uniques.

Selon votre état d'esprit du moment, votre ressenti actuel et votre humeur, choisissez soigneusement la carte qui résonne le plus avec votre être intérieur. Si vous préférez, vous pouvez également opter pour une sélection aléatoire, laissant ainsi le hasard guider vos pas.

Une fois que vous avez votre carte en main, il est temps de plonger dans son Univers mystique. Observez attentivement la carte et laissez votre regard se poser sur trois signes qui captivent votre attention. Ces éléments particuliers de la carte résonnent en vous, éveillent vos sens et vous appellent de manière subtile. Ils sont les porteurs d'un message qui ne demande qu'à être découvert.

Pour comprendre pleinement la signification de ces signes, munissez-vous du livre des signes, votre guide précieux dans ce voyage mystique. Plongez-vous dans ses pages sacrées et explorez les vérités qu'il renferme. Chaque signe possède un message unique, une leçon à apprendre ou un conseil à suivre. Ils sont les portes et les ponts qui viennent éclairer votre conscience, vous avertir des dangers et vous guider sur le chemin de votre quête spirituelle.

Ainsi, les signes sur nos chemins sont des guides divins, des lumières dans l'obscurité. Ils révèlent les aspérités de notre vie, les zones d'ombre que nous devons affronter et les messages précieux dont nous avons besoin pour retrouver l'équilibre et l'harmonie. Ils sont le reflet de notre expérience de vie, nous montrant la voie vers la compréhension et la sagesse.

Que votre voyage mystique soit riche en découvertes et en enseignements. Que les signes sur votre chemin vous illuminent et vous guident vers votre destinée. Préparez-vous à plonger dans les mondes mystiques et laissez-vous emporter par la magie qui les entoure.

Que l'aventure commence!

1

ANTIQUAIRE

Applique murale

Ces luminaires fixés au mur permettent d'éclairer une pièce ou un couloir. De la même manière, si vous vous retrouvez devant un chemin obscur ou un mur, n'oubliez pas que vous êtes la Lumière qui peut éclairer cet espace et dissiper ces ombres sur votre chemin. Vous détenez ce pouvoir d'apporter une ambiance chaleureuse quand les choses deviennent un peu trop sombres.

Armoire

Symbole des souvenirs, l'armoire représente également un espace intime et intérieur où vous pouvez vous retirer du monde extérieur et vous ressourcer. Dans certains contes de fées et récits symboliques, l'armoire est un passage secret ou un portail vers un autre monde. Elle symbolise alors la transition et la transformation intérieure.

Boite à secrets

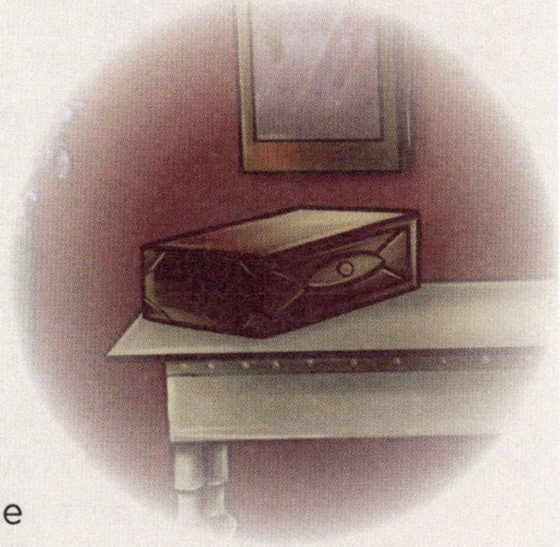

La boite à secrets est souvent perçue comme un symbole de confidentialité, d'intimité et de dissimulation. Elle représente un lieu sacré où l'on conserve précieusement des informations, des souvenirs, des objets ou des pensées personnelles que l'on choisit de garder cachés. Le partage de ses secrets avec quelqu'un d'autre peut créer un lien profond de confiance et d'intimité.

Bougie rouge

Symbole de courage, la bougie rouge est réputée pour sa protection contre les énergies négatives, les forces malveillantes et les dangers. Elle vous rappelle que la Lumière de l'Esprit est votre bouclier le plus sûr. Faites appel à cette Lumière intérieure pour éloigner les ombres psychiques afin de vous donner du courage et de retrouver la confiance en vous.

Cadres

Les cadres évoquent l'ordre et la structure. Ils servent à encadrer et mettre en valeur un sujet, soulignant ce que l'on choisit de mettre en avant. Cependant, ils peuvent aussi représenter des limites et des contraintes. Ce symbole vous invite donc à réfléchir à la nature des limites dans votre vie : sont-elles des barrières ou plutôt des guides, des messagers qui orientent votre chemin ?

Chandelier

Le chandelier est associé à la lumière, à la sagesse et à l'illumination. Il incarne la capacité à éclairer les ténèbres et à apporter de la clarté dans notre vie. C'est aussi un symbole de croissance spirituelle et d'évolution personnelle. Chaque bougie représente un aspect de soi-même ou un stade de développement. Allumer chaque bougie symbolise le cheminement vers une meilleure compréhension de soi et du monde qui nous entoure.

Escaliers en colimaçon

Symboles de voyage intérieur, les escaliers en colimaçon représentent le cheminement de l'âme ou de l'esprit vers une connaissance plus profonde de soi-même. Leur forme en spirale évoque la transformation et l'évolution. Ces escaliers vous invitent à accepter de transcender les aspects matériels de la vie et de progresser vers une conscience supérieure.

Étagères de livres

Les étagères de livres sont associées à la recherche de connaissances. Elles symbolisent l'importance de l'apprentissage dans le parcours d'une vie. Reliées à l'intellect, elles évoquent également une soif de découverte et une curiosité de vie. Elles vous rappellent l'importance de préserver le savoir et vous invitent à le transmettre aux générations futures.

Fauteuil

Le fauteuil est souvent attaché au pouvoir et à l'autorité. Il représente le siège d'un dirigeant, d'un roi ou d'un chef. Il est également associé au confort et à la détente, et donc au repos, à la relaxation et à l'intimité. Ainsi, il peut constituer un lieu de refuge, un endroit où l'on peut se retirer du monde extérieur et se détendre.
Ce fauteuil vous rappelle que vous êtes le·la gardien·ne de la paix en votre monde intérieur.

Fleurs séchées

Les fleurs séchées sont signe de durabilité et d'éternité. Elles invitent à la stabilité et à la constance. Porteuses d'une beauté intemporelle, elles symbolisent aussi la nostalgie et évoquent des moments précieux ou des personnes chères. Leur présence nous rappelle le processus naturel de vie et de mort, la spirale ascensionnelle du parcours transformateur et évolutif.

Lustre

Emblème de grandeur et de richesse, le lustre, avec son éclat lumineux, symbolise la lumière et la clarté intérieure, évoquant ainsi la connaissance, l'illumination ou la sagesse. En tant qu'expression de la grandeur divine, il incarne la présence divine ou la lumière divine. Il vous rappelle l'importance de la connexion entre le ciel et la terre, entre l'humain et le divin.

Photo ancienne

Une photo ancienne suggère une époque révolue, faisant ressurgir des souvenirs et suscitant de la nostalgie. Les vieilles photos représentent des traditions, des coutumes ou des valeurs culturelles spécifiques qui sont transmises de génération en génération. Si vous avez tiré cette carte, c'est pour vous rappeler que vos héritages sont aussi des trésors qui vous servent dans votre parcours.

Pile de livres

Une pile de livres évoque l'idée de voyager à travers les pages et de découvrir de nouvelles idées, de nouveaux mondes et de nouvelles perspectives. Elle symbolise aussi un excès de connaissances ou d'informations, soulignant peut-être le besoin de trier, d'organiser ou de digérer ces connaissances. Ou peut-être que cela est une invitation à écrire votre propre livre...

Plume

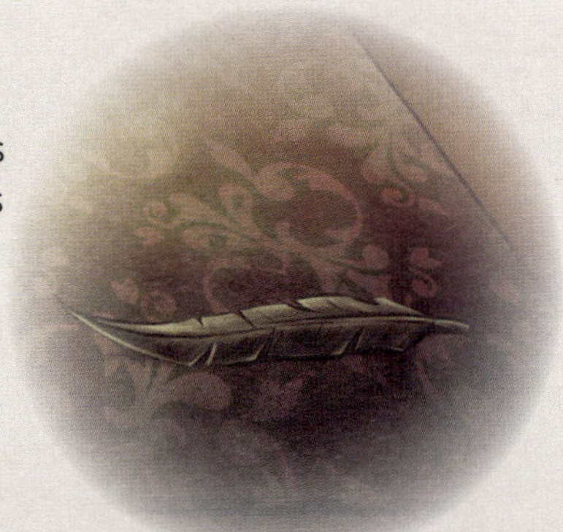

La plume est une métaphore de l'évasion et de l'élévation au-dessus des difficultés. Dans de nombreuses traditions spirituelles, elle est considérée comme un objet sacré, représentant la connexion avec le monde spirituel, la guidance divine ou la présence angélique. Elle évoque aussi la faculté de transmettre des idées, émotions et pensées, symbolisant sagesse et intuition.

Psyché

La psyché, ou miroir de courtoisie, est un objet de décoration utilisé depuis l'Antiquité. Il symbolise la recherche de la vérité intérieure, de la connaissance de soi et de l'éveil spirituel, comme il peut avertir des dangers de l'égocentrisme et de la superficialité. La psyché évoque l'image de soi et renvoie à la notion de regard sur soi-même. Elle invite à la réflexion et à l'introspection.

Secrétaire

Le secrétaire, souvent doté de compartiments secrets ou de tiroirs verrouillables, incarne l'aspect caché et confidentiel. Il représente la capacité de préserver des informations confidentielles ou personnelles, parfois issues de l'héritage familial. Il symbolise également la recherche d'un équilibre entre vie professionnelle et vie personnelle.

Siège de piano

Le siège de piano représente l'équilibre et la stabilité nécessaires pour parcourir les touches de l'instrument. De la même manière, il vous invite à trouver ces qualités intérieures pour jouer votre plus belle partition tout au long de votre vie. Symbole de concentration, d'équilibre, de passion, de tradition, d'intimité et de connexion, ce siège vous rappelle la nécessité d'un positionnement intérieur ajusté pour composer votre vie.

Statue de prière

Une statue de prière est le reflet de la dévotion et de la foi envers votre Lumière divine. Elle peut devenir un centre d'attention pour la concentration et la méditation durant vos moments de prière intérieure, vous invitant ainsi à vous connecter plus profondément avec le divin. Symbole de protection, de bénédiction ou de guérison, cette statue sert à établir une présence physique et tangible reliée au monde invisible.

Tapis

Les tapis représentent souvent la notion de confort et de chaleur, tant physique qu'émotionnelle. Ils sont associés à un espace accueillant et douillet. Dans certaines traditions spirituelles et ésotériques, les tapis sont utilisés comme outils de méditation ou de voyages astraux. Ils sont alors un moyen de transcender la réalité matérielle et de se connecter à un niveau plus profond de conscience.

Vase sculpté

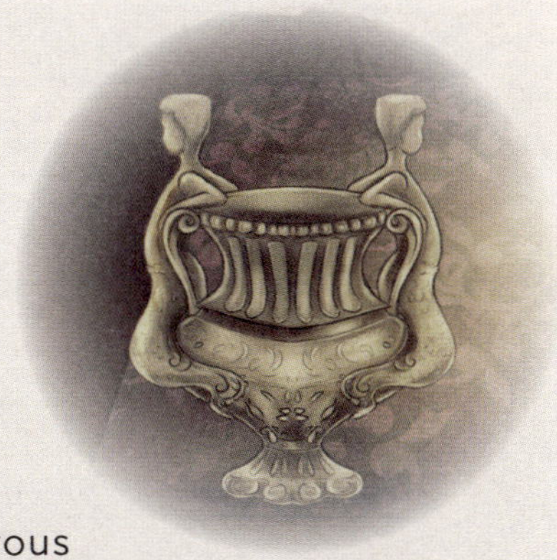

Symbolisant la nature, la fertilité et la croissance, le vase est une représentation de la vie et de la transformation. Il évoque la capacité de contenir et de nourrir la vie, tout en étant lui-même un objet fabriqué par des mains humaines. Le vase, la coupe ou encore le Graal vous invitent à vous laisser fertiliser par la Lumière de l'Esprit.

2

ASIE

Bambou

Symbole de résilience, de ténacité et de persévérance face aux défis de la vie, le bambou évoque souvent la croissance personnelle, le développement rapide et le progrès spirituel. Il représente la modestie, la sincérité et la vérité intérieure. Il vous invite à incarner l'idée d'une vie simple et équilibrée.

Bassin

Le bassin représente la source de la vie et de la création. Rempli d'eau, il est souvent utilisé pour des bains de purification et de guérison lors de rituels afin de se débarrasser des énergies négatives et de se régénérer spirituellement. Il invite au renouveau spirituel et vous suggère de cultiver davantage de tranquillité et de sérénité.

Cairn

Dans certaines cultures, les cairns jouent un rôle important dans les pratiques spirituelles ou méditatives. Les pierres sont empilées pour représenter les pensées, les intentions ou pour laisser une marque de présence dans un lieu sacré. Ces monticules de pierres symbolisent la connexion avec le divin, la méditation et la spiritualité. Cette carte vous invite à méditer, à aligner vos pensées et à trouver l'équilibre.

Carpe koï

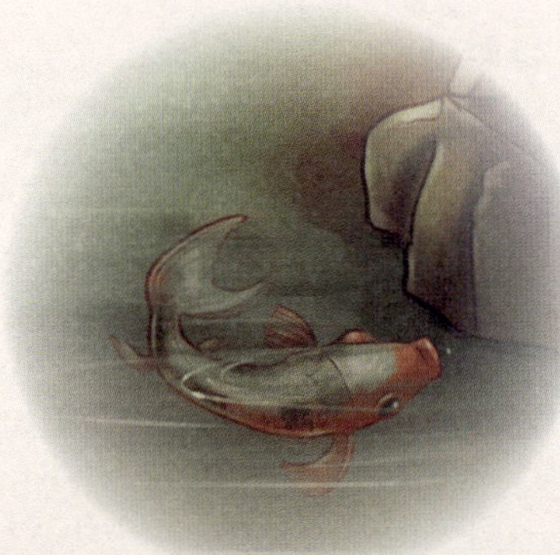

La carpe koï est connue pour se transformer en dragon une fois qu'elle a réussi à nager jusqu'à une cascade. Dans ce sens, elle représente souvent la transformation personnelle, la croissance et la réalisation de son potentiel. Elle est un symbole puissant qui invite à la persévérance, à la prospérité, à la transformation et au bonheur familial.

Cerisier du Japon

Symbole de renouveau, de renaissance et d'espoir, la fleur du cerisier est souvent associée à la pureté du cœur et de l'esprit. Le cerisier japonais évoque également le sacrifice. Ses fleurs tombent rapidement après leur épanouissement, rappelant l'importance d'œuvrer pour le bien commun, au-delà de ses propres motivations personnelles.

Coq

Symbole de protection et de vigilance, le coq veille et avertit. Il évoque également la résurrection, la repentance et le pardon. Souvent associé à la fierté, au courage et à la vaillance en raison de son comportement assertif et de son chant puissant au lever du soleil, le coq vous incite à prendre votre place avec respect et dévotion envers votre cœur.

Daruma

Le daruma est une poupée japonaise traditionnelle généralement associée à la persévérance, la motivation et la réalisation des objectifs. Au Japon, elle est souvent offerte pour encourager quelqu'un à poursuivre ses rêves et ses aspirations. C'est une invitation à ne pas abandonner face aux difficultés.

Érable rouge et feuilles qui volent

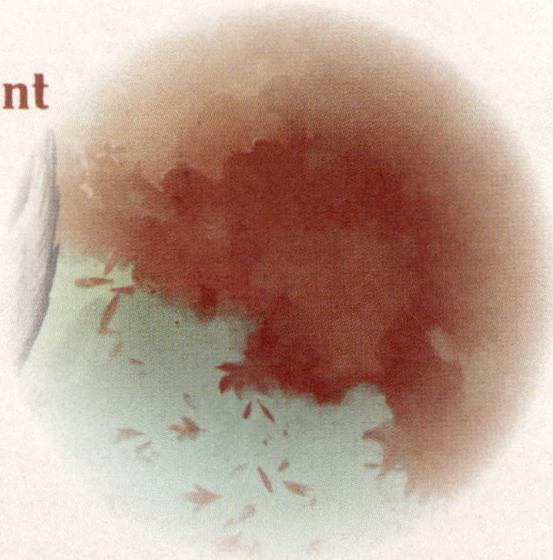

L'érable rouge est connu pour sa résilience et sa faculté à pousser dans des conditions difficiles. Il peut survivre à des températures extrêmes et se régénérer rapidement après des dommages. Ainsi, il est souvent associé à la force et à la vitalité. Vous avez ces qualités en vous et vous pouvez vous en servir pour continuer à avancer.

Femmes d'Asie

Les femmes d'Asie symbolisent le mystère et la sagesse orientale. La femme tenant une ombrelle vous rappelle votre capacité à vous protéger des éléments extérieurs et à préserver votre santé et votre bien-être. L'ombrelle représente ici la volonté intérieure de maintenir sa dignité et le respect de soi-même. Vous êtes soutenu·e dans cette démarche.

Fleur de lotus

La fleur de lotus, qui prend racine dans des eaux boueuses pour s'épanouir immaculée au-dessus de la surface, illustre la capacité à surmonter les adversités et à atteindre une pureté spirituelle. Elle symbolise aussi l'harmonie et l'équilibre. L'ouverture symétrique de ses pétales, formant une structure géométriquement équilibrée, représente l'alignement entre le corps, l'âme et l'esprit.

Grue

Dans la culture celtique, la grue est associée à la transformation et au passage vers de nouveaux états ou niveaux de conscience. Son envol est considéré comme une libération des limitations terrestres et une ouverture vers de nouvelles voies et opportunités. Dans la mythologie japonaise, les grues sont considérées comme des messagères de paix et de bonheur.

Lanterne *akachōchin*

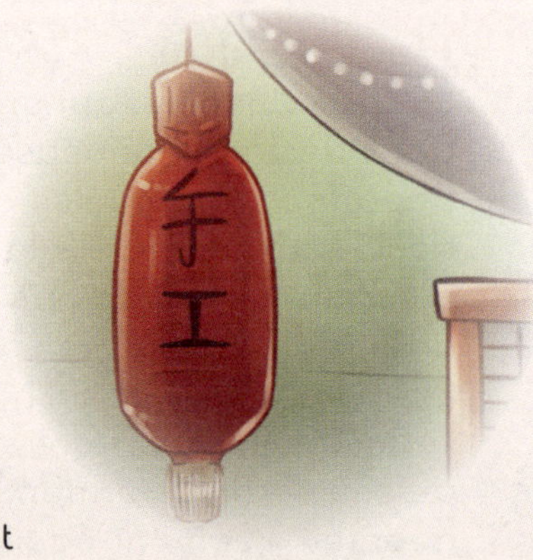

La lanterne *akachōchin* est souvent utilisée dans les rituels religieux pour symboliser la présence divine et la lumière spirituelle. Elle représente la connexion entre le monde physique et le monde spirituel, aidant les pratiquants à se concentrer et à se connecter à leur spiritualité. Elle est également liée à la notion du temps qui passe, une invitation à communier avec l'éternel qui vous habite.

Lanterne de jardin

La lanterne évoque la lumière qui chasse les ténèbres et apporte la clarté. Elle peut représenter la connaissance, la sagesse et l'éveil spirituel. Elle symbolise la protection contre le mal et les énergies négatives. Elle vous suggère de maintenir un lien, une communication intime avec les forces spirituelles qui vous habitent au dedans.

Lanternes volantes

Les lanternes volantes sont couramment perçues comme des vecteurs de souhaits, d'espoirs et de rêves. Leurs lumières s'élevant dans le ciel symbolisent l'envoi d'un vœu vers les cieux, dans l'espoir de sa réalisation. Elles incarnent aussi la libération d'émotions négatives et la quête de paix intérieure, offrant une invitation à l'élévation spirituelle.

Masques

Dans de nombreuses sociétés traditionnelles et tribales, les masques sont utilisés dans des rituels et des cérémonies pour représenter des esprits, des ancêtres ou des divinités. Ils sont considérés comme des médiateurs entre le monde des humains et le monde spirituel. Cela peut être une invitation à retirer un masque que vous vous imposez pour plaire et à commencer par vous accepter tel·le que vous êtes vraiment.

Montagnes arrondies au fond

Une montagne arrondie incarne la solidité, la stabilité et l'ancrage à la terre, reflétant la force intérieure, la persévérance et la confiance en soi. Elle symbolise également la transcendance, invitant à s'élever au-dessus des préoccupations terrestres et à se connecter à des réalités supérieures. Elle suggère une ascension progressive vers de nouveaux niveaux de conscience ou de spiritualité.

Ombrelle

L'ombrelle est souvent vue comme un symbole de protection et de sécurité, offrant un abri contre ce qui est nuisible ou indésirable. Elle vous encourage à faire appel à votre autorité intérieure, tirée du pouvoir de la Lumière dont vous êtes le·la gardien·ne. Elle peut également symboliser un désir de légèreté, de douceur ou de beauté dans votre vie actuelle.

Pagode

La pagode est perçue comme un sanctuaire sacré, un espace où les fidèles peuvent se connecter avec le divin. Elle incarne la spiritualité et le recueillement, et est souvent associée à l'éveil. Représentant le chemin vers l'illumination et la libération du cycle des renaissances, la pagode évoque également un souhait de bienveillance et de bonheur pour tous les êtres vivants.

Pas japonais

Les pas japonais sont disposés de manière à encourager une marche lente et régulière qui favorise la méditation, la concentration et l'équilibre intérieur. Ils symbolisent également le passage d'un endroit à un autre, d'une étape de la vie à une autre. En traversant ces pas, on peut éprouver une sensation de transition ou de transformation.

Rochers

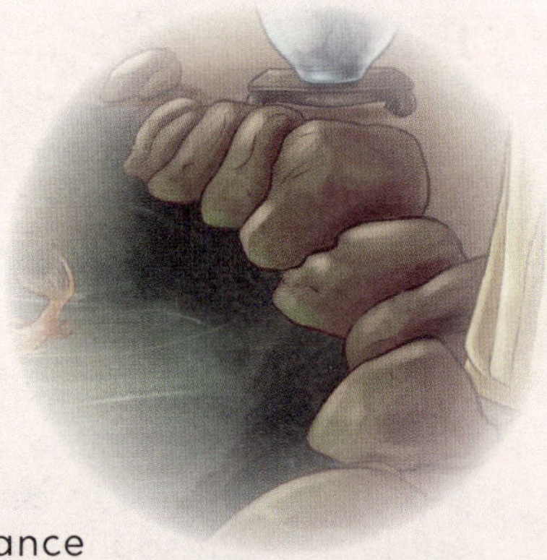

Les rochers ont une qualité calme et immuable qui évoque la sagesse et la sérénité. Ils représentent la stabilité intérieure, l'équilibre émotionnel et une certaine paix intérieure. Ils expriment la transcendance, en tant qu'éléments naturels qui dépassent le temps et l'éphémère. Ils symbolisent la constance et l'éternité, et nous rappellent que nous faisons partie d'un monde plus grand et durable.

Tōrō

Le *tōrō* symbolise l'illumination spirituelle et la sagesse. Sa lumière sert de guide pour les voyageurs et invite à la contemplation et à la méditation. Ces lanternes japonaises traditionnelles marquent les limites du domaine sacré et représentent une porte d'entrée symbolique vers le monde spirituel, vers l'élévation intérieure.

Vase asiatique et fleurs

Ce vase souligne la quête de l'esthétisme et le goût de la nature. Les fleurs sont souvent associées au printemps et à la croissance. Ce vase avec des fleurs représente le renouveau, le cycle de la vie et l'espoir. Les arrangements floraux évoquent aussi la recherche d'un équilibre entre les différents aspects de votre vie et la recherche de l'harmonie intérieure.

3

CHAMBRE

Baleine

Les baleines sont réputées pour être des animaux hautement intelligents et dotés d'une grande sagesse. Elles sont souvent associées à la connaissance profonde des océans et évoquent la recherche de la sagesse et de l'apprentissage. Dans certaines cultures, les baleines sont considérées comme des gardiennes ou des guides spirituels, symbolisant ainsi la protection et la guidance dans la vie.

Cage dorée

La cage dorée représente l'idée que la richesse matérielle ou les privilèges extérieurs ne garantissent pas le bonheur ou l'indépendance. Ce symbole met en évidence la nécessaire prise de conscience des barrières invisibles qui entravent la liberté individuelle et invite à la réflexion sur la véritable signification du bonheur et de la satisfaction.

Cartable

Le cartable est associé à l'éducation, à la transmission du savoir et au développement intellectuel. Il symbolise la quête de connaissances et l'expansion de la conscience. Il vous invite également à prendre en charge vos propres actions et décisions dans votre voie spirituelle. Il représente le processus de transformation, de croissance et de maturation spirituelle.

Guitare

La guitare est souvent associée à l'expression de soi et à la créativité. C'est un moyen de communiquer et de partager ses émotions et ses pensées à travers la musique. Jouer d'un instrument peut être libérateur. C'est une activité qui permet de se détendre, de se libérer du stress, de s'évader et de se concentrer sur quelque chose de positif.

Journal intime

Un journal intime est un espace sacré et privé où l'on peut se connecter à son être intérieur et exprimer librement ses émotions, ses pensées et ses expériences. En écrivant vos intentions, vos objectifs et vos aspirations, vous pouvez clarifier vos désirs et les mettre en pratique dans votre réalité. Cela peut vous aider à manifester vos rêves et à créer une vie plus alignée avec votre véritable nature spirituelle.

Lampe de voyage

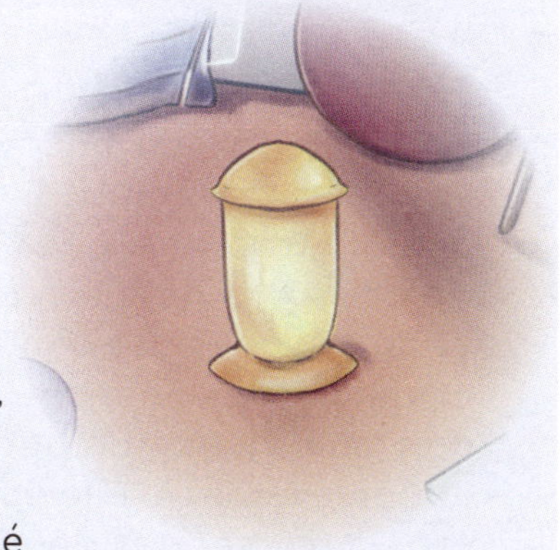

La lampe de voyage représente l'illumination, la compréhension et la connaissance. Elle symbolise également la guidance et l'éclairage dans l'obscurité. Elle est régulièrement associée à l'aventure, à la découverte et à l'ouverture d'esprit. Elle vous invite peut-être aussi à l'indépendance et à la liberté que vous désirez manifester dans votre vie.

Lit défait

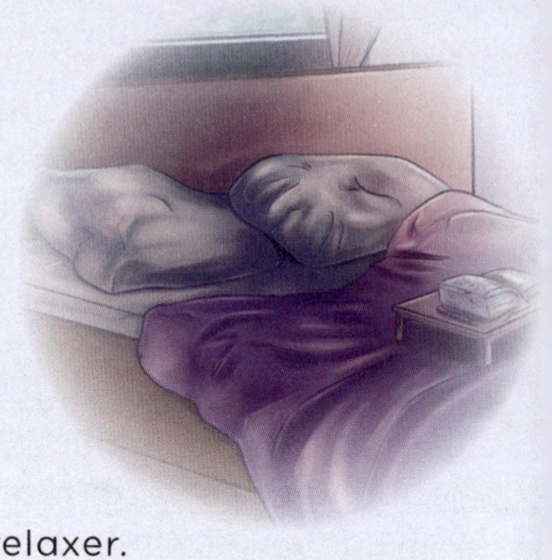

Un lit défait évoque le chaos et le désordre dans la vie d'une personne, mais aussi un manque d'organisation ou des difficultés à gérer les responsabilités quotidiennes. Cela peut également représenter un besoin de prendre du temps pour soi et de se reposer, ou simplement une invitation à se laisser aller et à se relaxer.

Maquette de voilier

Le voilier est souvent synonyme de liberté et d'aventure. Il symbolise la possibilité de naviguer librement, de découvrir de nouveaux horizons et de s'évader des contraintes de la vie quotidienne. Une maquette de voilier demande patience, minutie et persévérance. Elle vous invite en ce sens à relever des défis et à surmonter les obstacles pour atteindre vos objectifs.

Ordinateur

Un ordinateur portable, en tant qu'outil électronique, est un symbole de communication et de partage d'informations à l'échelle mondiale. Il représente le savoir et l'apprentissage, offrant un accès aisé à une multitude d'informations et de ressources. L'ordinateur vous invite à explorer vos désirs de création, de communication, de recherche ou de divertissement.

Pelotes de laine

La laine évoque souvent le confort et la protection. Les pelotes de laine symbolisent le besoin de réconfort et de sécurité, ainsi que le sentiment d'être enveloppé de douceur et de chaleur. Elles rappellent aussi le désir d'établir des liens sociaux et des connexions avec d'autres personnes partageant les mêmes centres d'intérêt que vous.

Poires sur console

Dans la tradition bouddhiste, les poires sont parfois associées à la méditation et à l'éveil spirituel. Elles représentent la connaissance et la sagesse, et sont considérées comme des symboles de transformation et de croissance personnelle. En revanche, dans certaines cultures asiatiques, les poires évoquent un moment difficile et le chagrin.

Tabouret

Dans certaines pratiques spirituelles, le tabouret est utilisé comme siège de méditation. Il joue donc un rôle de support dans la recherche de la connexion spirituelle et de la paix intérieure. Le tabouret est souvent conçu avec des pieds égaux, ce qui symbolise l'équilibre et l'harmonie. Il représente l'importance de trouver un équilibre dans tous les aspects de la vie, y compris sur le plan spirituel.

Téléphone

Le téléphone évoque souvent des connexions karmiques entre les individus, des liens spirituels entre les âmes qui se trouvent à distance. Il symbolise également la communication directe avec le divin ou avec une force supérieure. Il invite à établir une connexion spirituelle profonde avec la Lumière de l'invisible.

Trois singes

La symbolique des trois singes est souvent associée au proverbe japonais « *mizaru, kikazaru, iwazaru* », qui signifie « ne rien voir, ne rien entendre, ne rien dire ». Dans certaines traditions spirituelles, les trois singes incarnent la nécessité de purifier notre esprit en évitant les pensées, les paroles et les actions nuisibles.

Voilages

Les voilages peuvent représenter les frontières entre le monde matériel et le monde spirituel. Ils évoquent la capacité de transcender les limites de la réalité matérielle et de se connecter à une dimension plus élevée. Les voilages blancs sont souvent associés à la pureté et à la perfection spirituelle. Ils symbolisent la clarté, la luminosité et l'harmonie spirituelle.

4

DÉSERT

Ânkh – Croix égyptienne

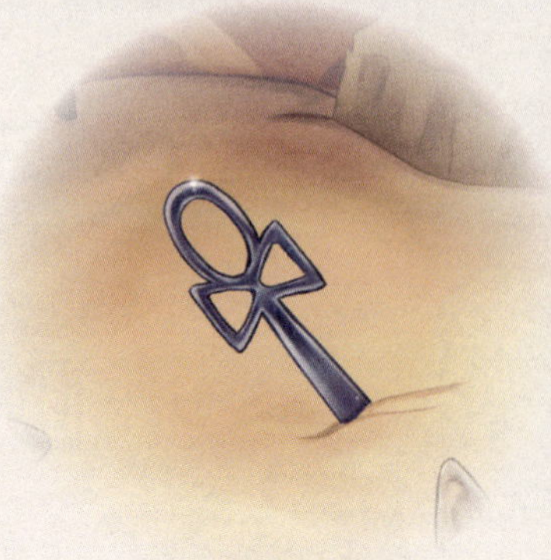

L'*ânkh* est parfois connue comme un symbole d'harmonie entre les polarités masculine et féminine, représentées respectivement par la boucle et le T de la croix. C'est aussi l'équilibre entre le physique et le spirituel, unifiant les aspects matérialistes et spirituels de l'existence. La croix ansée est souvent utilisée comme talisman, offrant protection et guérison.

Arbre mort

L'arbre mort représente le cycle naturel de la vie et de la mort, la fin d'une phase et le début d'une nouvelle, rappelant que la mort fait partie intégrante du processus de croissance et de transformation. Dans certaines traditions spirituelles, il est vu comme une porte vers le monde spirituel, établissant un lien avec les ancêtres et le royaume des esprits. Il symbolise la possibilité de transcender la mort physique pour atteindre un état supérieur de conscience et d'existence.

Atlantoxerus (écureuil de Barbarie)

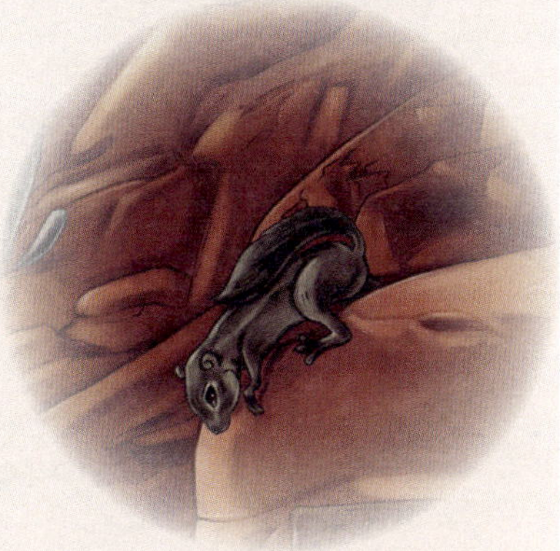

L'écureuil de Barbarie est connu pour collecter et stocker sa nourriture pour l'hiver dans des cachettes souterraines. Symbole de prévoyance et de conservation, il souligne l'importance de préparer et de conserver des ressources, tant physiques que spirituelles. Dans certaines cultures, l'écureuil de Barbarie est également un symbole de protection.

Cactus rond

Le cactus, reconnu pour sa résilience et sa faculté à survivre dans des conditions difficiles, symbolise la force intérieure et la capacité à surmonter les obstacles de la vie. Sa forme ronde et robuste illustre la protection contre les énergies négatives ou les influences néfastes, favorisant ainsi l'harmonie et la paix spirituelle.

Cactus long

Ce cactus, connu sous le nom de « cactus de San Pedro », est souvent associé à la protection et à la guérison spirituelle. Il se distingue par sa forme allongée et droite qui évoque la verticalité et la connexion avec le divin. Il symbolise la force intérieure, la résilience et la persévérance. Sa capacité à survivre dans des environnements arides et hostiles rappelle également notre propre aptitude à traverser les périodes difficiles de la vie.

Cartouche égyptien

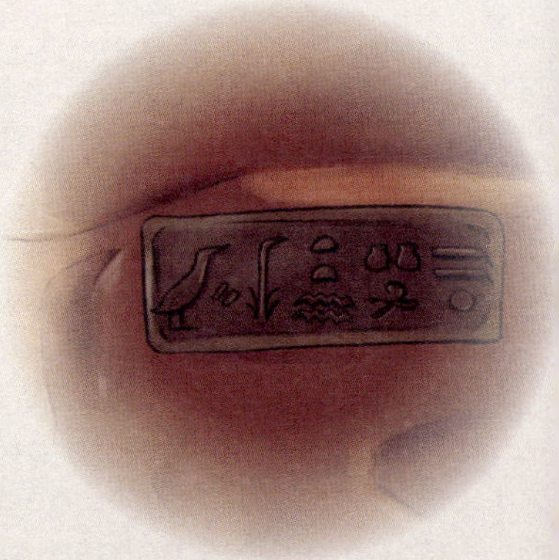

Le cartouche égyptien, avec sa forme unique et sa symbolique ancienne, représente la connexion entre le monde divin et le monde terrestre. La présence d'un cartouche sur un objet est un signe de proximité avec la divinité intérieure, soulignant le lien entre les deux mondes. Il est considéré comme un symbole spirituel de protection.

Cité

La cité dans le désert représente un besoin d'isolement et de solitude, un endroit où les individus se retirent du monde extérieur pour se concentrer sur leur quête spirituelle. Une recherche intime de sens et de vérité, où vous vous rendez pour trouver des réponses aux questions existentielles et à votre place dans l'Univers.

Dromadaire

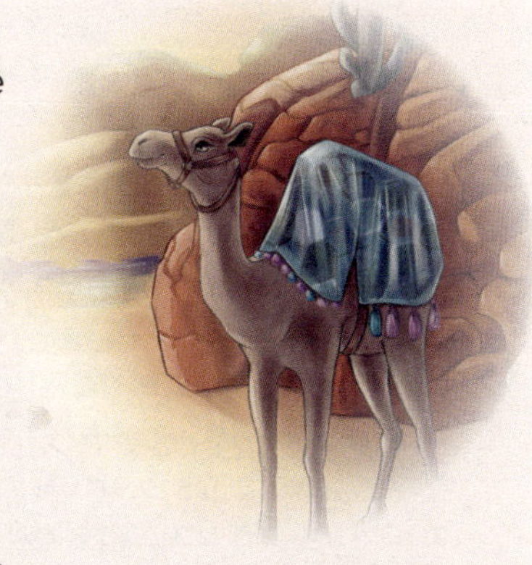

Le dromadaire est souvent considéré comme un symbole de voyage intérieur et de découverte de soi. Le désert représente le chemin spirituel et le dromadaire est le compagnon de voyage qui aide à traverser les obstacles et les épreuves. Il représente la volonté de se dépouiller des bagages émotionnels et matériels pour aller vers un état de conscience plus élevé.

Fennec

Pour certains peuples du désert, le fennec est vénéré comme un guide spirituel. Il est souvent associé à la connaissance des chemins cachés et des secrets du désert, représentant une boussole fiable pour traverser des périodes de transition ou d'incertitude. Il incarne également l'intelligence, l'ingéniosité et la guidance spirituelle lors de périodes de transition ou de doute.

Oasis

En raison de sa nature isolée et de sa présence au milieu d'un environnement aride, l'oasis est un lieu de paix et de tranquillité dans un monde hostile. Elle symbolise la recherche intérieure et la quête de vérité, qui nécessitent souvent un voyage ou une exploration.

Palmier

Le palmier est souvent associé à l'éveil spirituel et à la croissance personnelle. Sa capacité à s'élever évoque l'ascension de l'âme vers des niveaux supérieurs de conscience. Le palmier est aussi souvent perçu comme un symbole de la présence divine et de la protection spirituelle, illustrant la force et la résilience spirituelles.

Papyrus

Le papyrus était souvent utilisé pour écrire et préserver les connaissances anciennes.
Il est donc souvent associé à la sagesse et au savoir.
Spirituellement, il symbolise la renaissance, la protection, la croissance et la connexion entre les mondes physique et spirituel.

Pierre avec œil d'Horus

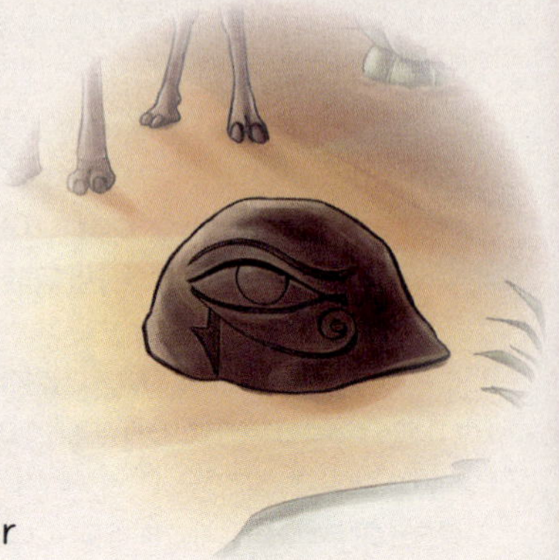

L'œil d'Horus est un symbole très ancien de la mythologie égyptienne. Il est associé à la protection, à la santé, à la guérison et à la clairvoyance. La pierre avec un œil d'Horus est un talisman spirituel. Ici, elle est le messager qui vous offre une protection contre les énergies négatives et vous invite à développer votre clarté mentale et spirituelle.

Pioche

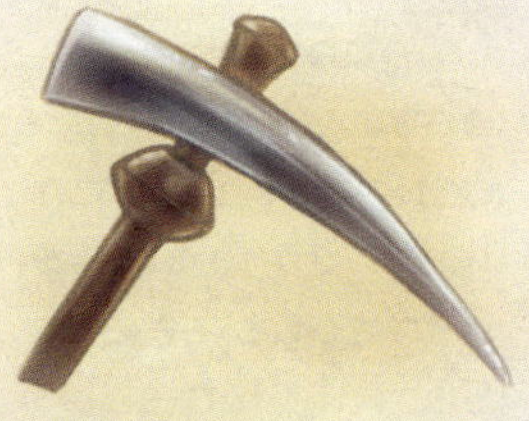

La pioche évoque un travail de transformation intérieure. En creusant profondément en nous-mêmes, nous pouvons découvrir nos trésors cachés, nos talents et notre véritable essence. La pioche symbolise ainsi la quête d'authenticité et de développement spirituel. Elle représente également la force intérieure nécessaire pour surmonter les difficultés et les épreuves de la vie.

Roche rouge

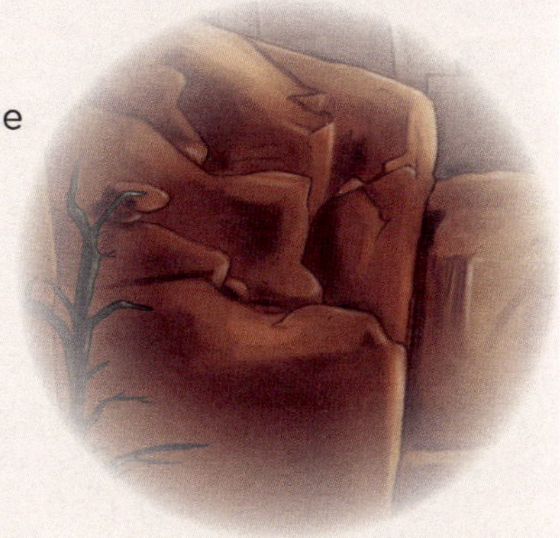

La roche rouge est souvent associée à des processus de transformation et de renouveau. Elle représente la traversée d'épreuves nécessaires pour parvenir à un changement positif. Elle est également souvent associée à la terre et à sa force stabilisatrice. Elle invite à cultiver davantage de stabilité intérieure et d'enracinement.

Soleil levant

Symbole de renaissance et de renouveau, le soleil levant incarne la promesse de nouveaux commencements. Source de lumière et de clarté, il dissipe les ombres, symbolisant la connaissance et la vérité spirituelle. Le lever du soleil est un emblème d'espoir et d'encouragement, rappelant que chaque jour offre une nouvelle occasion de se réinventer, de surmonter les difficultés et d'améliorer sa vie.

Sphinx

Le Sphinx est associé à la protection et à la sagesse. En tant que gardien, il est considéré comme un protecteur des secrets spirituels et un guide pour ceux qui cherchent la vérité. Souvent représenté près des portes ou des entrées, il symbolise les épreuves ou les tests à surmonter pour accéder à la sagesse et à la connaissance profonde.

Terre craquelée

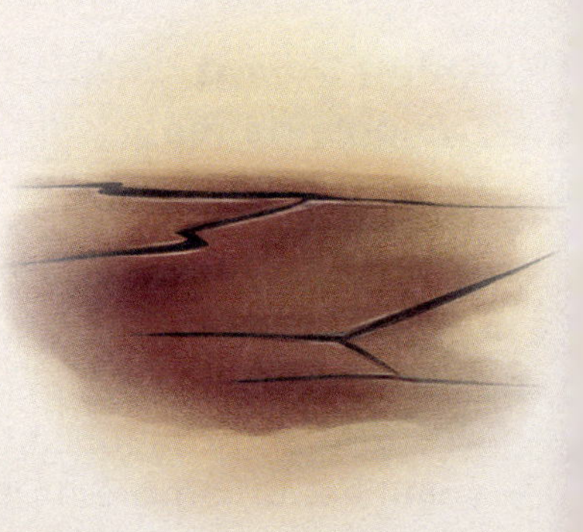

La terre craquelée représente la perte, la désolation et le désespoir, souvent associés à des périodes de crise, de deuil ou de difficultés. Elle peut exprimer le besoin impérieux de guérison ou de renouveau spirituel. Dans ce contexte, elle incarne également la patience, la persévérance et la capacité à se transformer.

5

ESPACE

Ciel étoilé

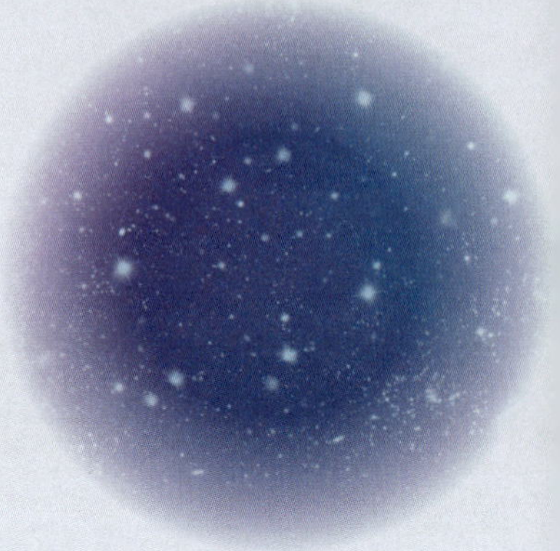

Le ciel étoilé représente l'infini et la grandeur de l'Univers, rappelant l'immensité de l'existence et le temps éternel. Les étoiles ont été utilisées comme repères dans la navigation depuis des milliers d'années, comme une guidance sur le chemin spirituel et le voyage de l'âme. Les étoiles sont des sources de lumière dans l'obscurité, représentant la connaissance, la sagesse et l'éveil spirituel qui dissipent l'ignorance.

Comète

La comète est souvent associée à des événements extraordinaires et mystérieux. Elle représente également la transcendance et la liberté. Sa trajectoire erratique et imprévisible symbolise l'idée de suivre son propre chemin et de se libérer des schémas limitants de pensée et de comportements.

Cratère

Le cratère est une symbolique spirituelle de la transformation, de la régénération et de la purification. En astrologie, le cratère est associé au signe du Cancer, régi par la Lune et souvent relié à l'intuition, aux émotions et à la créativité. Il évoque également l'inconscient collectif, ce qui peut vous inviter à prendre de la hauteur actuellement.

Croissant de lune

Le croissant de lune est souvent associé à la croissance spirituelle et à l'illumination, ainsi qu'au mystère et à l'intuition. Comme la lune elle-même, qui passe par différentes phases et semble disparaitre et réapparaitre, le croissant de lune évoque une porte vers le monde mystique et rappelle l'importance de l'intuition.

Étoile filante

L'étoile filante est souvent associée à des changements positifs. Elle symbolise l'opportunité de se libérer du passé et de se transformer en vue d'un avenir meilleur. Perçue comme un signe de soutien, de guidance ou de présence spirituelle, l'étoile filante vous invite à voir au-delà des réalités matérielles et à vous connecter à la beauté et à la spiritualité qui vous entourent.

Femme (nuit personnifiée)

La femme mystérieuse en capuche dans la nuit évoque la puissance féminine cachée ou non révélée. Elle incarne la force et la sagesse qui opèrent dans l'ombre. La capuche symbolise le mystère et la dissimulation, suggérant qu'elle est liée à des secrets. La nuit renforce cette idée d'obscurité et d'inconnu.

Mars, Jupiter, Vénus

Mars est le symbole du courage, de la force de caractère, et du combat intérieur nécessaire pour surmonter les obstacles et les épreuves de la vie.
Jupiter représente la quête de vérité et de sens, soulignant la connexion avec des valeurs morales et éthiques.
Vénus incarne la joie de vivre, le plaisir esthétique et la recherche de l'harmonie dans tous les aspects de la vie.

Mercure, Uranus, Pluton

Mercure représente l'aptitude à se connecter aux autres, à communiquer de manière claire et à cultiver une conscience plus aiguisée.
Uranus incarne la transformation intérieure, l'éveil spirituel et la libération des contraintes sociales ou familiales pour vivre une vie authentique.
Pluton symbolise la faculté de surmonter les expériences difficiles, tout en révélant son véritable potentiel spirituel.

Météorite

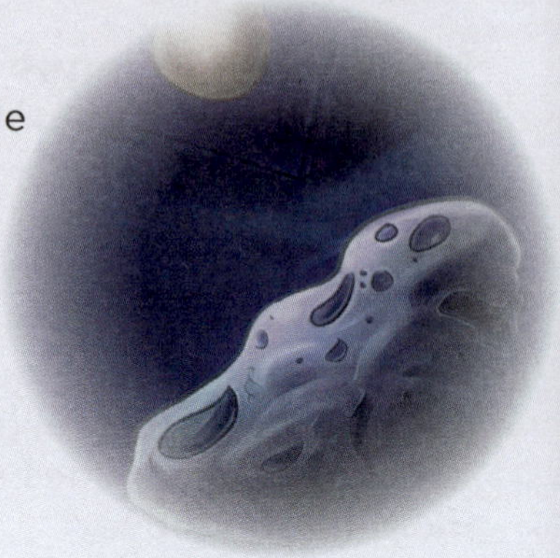

Les météorites sont des morceaux de roches extraterrestres qui voyagent à travers l'espace jusqu'à atteindre la Terre. Elles représentent donc une force puissante venant du cosmos. Ces objets célestes sont une invitation à une connexion plus profonde avec l'Univers et à une ouverture spirituelle prochaine.

Météorite en feu

La météorite en feu est un phénomène spectaculaire et puissant. Elle souligne la capacité de l'être humain à se transformer et à renaitre de ses cendres, à surmonter les épreuves et à évoluer vers une meilleure version de lui-même. Elle peut aussi être interprétée comme un signe d'importance ou de changement à venir dans votre vie.

Œil dans l'espace

L'œil représente souvent la connaissance et la sagesse dans de nombreuses traditions spirituelles. Lorsqu'il est dans l'espace, cela exprime la quête de connaissances et de compréhension des mystères de l'Univers. L'œil est également associé à la présence divine ou à une conscience supérieure, symbolisant l'omniscience ou la surveillance divine sur l'Univers.

Satellite

Les satellites orbitent autour de la Terre, évoquant une ascension spirituelle vers des niveaux de conscience supérieurs. Ils facilitent l'accès à une diversité d'informations et d'idées, symbolisant ainsi l'expansion de la conscience et la possibilité de transcender les limites du monde matériel pour atteindre des niveaux de réalité plus élevés.

Soleil

Le soleil est fréquemment lié à la connaissance, à l'illumination et à la sagesse spirituelle. Il représente la recherche de la vérité intérieure, de l'illumination personnelle et de l'éveil spirituel. Perçu comme la source de vie sur Terre, il incarne la lumière, la chaleur et la vitalité essentielles à la croissance et à la survie de toutes les formes de vie.

Terre, Neptune, Saturne

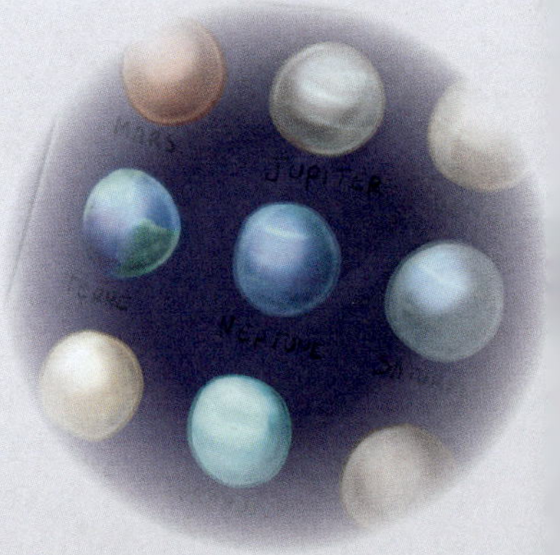

La Terre symbolise la mère, la connexion avec la nature, la sécurité et la solidité.
Neptune est associée au monde des rêves, de l'imagination et de la spiritualité. Elle est liée à l'inconscient collectif, à la compassion, à la sensibilité, à l'intuition et à la dissolution des limites et des frontières.
Saturne représente la structure, la discipline et la responsabilité. Elle symbolise le temps, la maturité, l'autorité, la rigueur et la limitation.

Trou noir

Le trou noir est souvent associé au concept de mort et de renaissance spirituelle. Comme il absorbe tout ce qui l'entoure, il peut représenter la fin d'un cycle de vie ou d'une réalité pour accéder à une nouvelle forme d'existence ou de conscience. Les trous noirs symbolisent également la puissance suprême et la transcendance spirituelle.

Vaisseau spatial

Le vaisseau spatial est comme l'esprit humain qui cherche à explorer des territoires inconnus, tant à l'extérieur qu'à l'intérieur de lui. Il représente le désir d'élargir nos connaissances, de découvrir de nouveaux mondes et de repousser nos limites. Il symbolise également l'évasion des contraintes terrestres et la recherche de liberté et d'indépendance.

Voie lactée

La Voie lactée a une symbolique spirituelle liée à la purification, à la protection divine, au chemin vers l'au-delà, à l'illumination, à l'harmonie et à la recherche de l'équilibre, ainsi qu'au mystère et à l'aventure. Dans la spiritualité bouddhiste, la Voie lactée est considérée comme le chemin vers le nirvana, l'état d'illumination ultime.

6

FLEURISTE

Arrosoir

L'arrosoir est le symbole spirituel de la fertilité, de la croissance et de la transformation. Comme accessoire pour arroser les plantes, il est associé à l'élément eau, et donc à la purification, à la régénération et à la vie spirituelle. Il représente le pouvoir de nourrir et de soutenir la croissance de l'âme.

Cactus

Dans le bouddhisme, le cactus est associé à l'illumination et à la purification de l'esprit. Sa capacité à survivre et à croître dans des environnements hostiles symbolise la voie vers l'éveil spirituel, en restant fort·e et en développant des compétences malgré les obstacles. Le cactus est également associé à la patience, à la stabilité et à la croissance spirituelle.

Calathea

Le calathea est connu pour ses mouvements de feuilles, qui se plient et se rétractent en fonction de l'heure du jour, comme une invitation à trouver la paix intérieure et à être en phase avec les rythmes naturels. La symétrie de ses feuilles évoque l'équilibre émotionnel et la stabilité intérieure.

Camélia

Le camélia est souvent lié à l'éveil spirituel et à la transformation intérieure. Souvent considéré comme un symbole de l'âme et de la connexion avec le divin, il invite à élever la conscience et à renforcer la connexion avec votre véritable essence spirituelle. Le camélia représente également la résilience et la détermination.

Dahlia

Le dahlia symbolise la beauté intérieure et l'expression de sa véritable nature. Il incarne la capacité de découvrir et de manifester son authenticité propre. La beauté et la complexité du dahlia peuvent également être interprétées comme un rappel de la valeur de chaque individu. Il encourage à reconnaitre et à apprécier sa propre essence, ainsi que celle des autres.

Fleuriste

La fleuriste symbolise la beauté, la créativité et la transformation. Les fleurs sont souvent associées à des sentiments positifs tels que l'amour, la joie, la gratitude et la guérison. La fleuriste évoque la capacité de l'homme à transformer la nature en art, en créant des arrangements floraux uniques et en embellissant les occasions spéciales dans la vie des gens.

Glycine

La glycine peut aider à la relaxation, à la méditation et à la recherche de l'équilibre intérieur. Elle est également liée à la beauté et à la féminité. Dans la culture japonaise, la glycine est associée à la modestie et à l'humilité. Cette plante est souvent utilisée comme symbole de l'amour, de la beauté et de la spiritualité.

Graines

Les graines symbolisent souvent le potentiel de croissance et de développement, et donc la promesse de nouvelles opportunités et de progrès. Elles évoquent également l'espoir et la foi en un avenir meilleur. Et elles rappellent que, même dans les moments les plus sombres, il y a toujours une possibilité de croissance et de changement positif.

Jacinthe

La jacinthe est une fleur souvent associée à la pureté, à la délicatesse et à la beauté. Dans certaines traditions spirituelles, elle est également liée à la compassion, au renouveau et à la renaissance. Dans le christianisme, la jacinthe peut symboliser la résurrection, en raison de sa capacité à fleurir au printemps après une période de dormance hivernale.

Jasmin

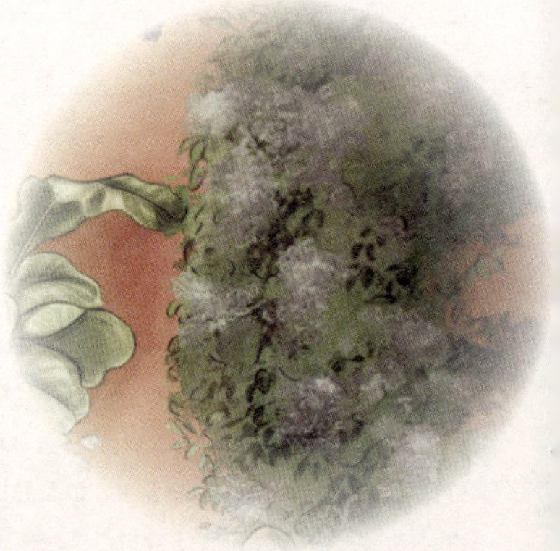

Le jasmin est une fleur sacrée dans de nombreuses religions et traditions spirituelles. Son parfum délicat est souvent associé à la méditation et à la purification de l'esprit. Dans certaines croyances, il est un symbole de l'éveil spirituel et de la transformation intérieure. Sa fleur, qui s'ouvre le soir, est une métaphore de l'illumination spirituelle.

Lys

Le lys est associé à la spiritualité et à l'illumination dans certaines traditions. Sa silhouette élancée et ses pétales dirigés vers le ciel symbolisent l'ouverture spirituelle et la quête de vérité. Dans certaines croyances, le lys est lié à la renaissance et à la résurrection. Sa capacité à fleurir et à s'épanouir à partir d'un bulbe dormant évoque le renouveau.

Muguet

Le muguet symbolise la résurrection, la renaissance et l'espoir, car il fleurit au moment où l'hiver se termine et où les jours commencent à rallonger. De plus, ses clochettes blanches sont souvent associées à la Vierge Marie et à la douceur de l'amour maternel. C'est une plante porte-bonheur qui apporte joie et positivité dans la vie des personnes qui en reçoivent.

Myosotis

Le myosotis, également connu sous le nom de « ne m'oubliez pas », symbolise traditionnellement l'amour et les souvenirs éternels. Sa petite taille, sa forme délicate et sa douce couleur bleue évoquent souvent la nostalgie et les souvenirs perdus. C'est pourquoi la fleur est souvent associée à la mémoire, à la fidélité et au rappel des personnes aimées.

Narcisse

La symbolique spirituelle du narcisse est généralement associée à l'amour propre, à l'égoïsme et à l'égocentrisme en référence au mythe grec de Narcisse. Cependant, sa beauté et sa fragilité évoquent également la délicatesse de l'âme humaine et la recherche de la beauté intérieure. Il représente la renaissance de l'âme, la purification, ainsi que l'élévation spirituelle.

Oranger

L'oranger est souvent associé à la générosité, l'abondance, la fertilité et la prospérité. Ses fleurs parfumées et ses fruits juteux et savoureux sont considérés comme des cadeaux de la nature. L'oranger évoque également la recherche intérieure de pureté, de bonheur et de renouveau.

Orchidée

En Chine, l'orchidée est synonyme de vertu et d'intégrité. Elle est connue pour ne pas se laisser corrompre facilement et rester fidèle à sa nature. L'orchidée est également associée à la renaissance et à la résilience. Certaines espèces peuvent survivre dans des conditions difficiles et renaitre après des périodes de stress.

Panneau ouvert

L'écriteau « ouvert » est une métaphore de la connexion avec le divin et avec les autres. En restant ouverts et réceptifs, nous permettons au divin de se manifester à travers nous et de créer des liens significatifs avec les autres. Il s'agit également d'une recherche de vérité et de connaissance qui nous rappelle que nous devons être disposés à écouter et à apprendre des autres pour grandir spirituellement.

Pensée

La pensée est liée à la spiritualité et à la méditation, surtout dans la culture orientale. Elle est employée pour apaiser l'esprit et favoriser l'accès à un état de conscience supérieur. Comme son nom l'indique, la pensée est souvent reliée à la pensée profonde, à l'intellect et à la réflexion. Elle vous incite à faire preuve d'intelligence et de sagesse.

Rose

La rose symbolise l'épanouissement spirituel, la transformation et la croissance. La rose en bouton, qui s'ouvre progressivement pour révéler sa beauté, représente notre processus d'évolution intérieure. La rose évoque également le mystère, le secret et l'énigme de la vie et de l'Univers. Elle est aussi associée à la Vierge Marie ou à la déesse de l'amour et de la beauté, Aphrodite.

Tournesol

En suivant le mouvement du soleil tout au long de la journée, le tournesol représente la recherche continuelle de lumière. Il symbolise la résilience, la confiance et la joie dans les moments sombres. Il nous rappelle la présence divine dans nos vies. Le tournesol est souvent associé à une énergie positive.

Vaporisateur

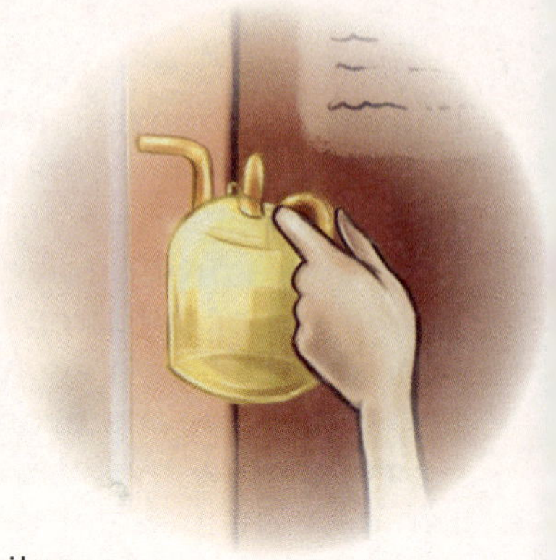

Le vaporisateur symbolise souvent la purification de l'air, de l'espace extérieur ou intérieur. Il est fréquemment associé à la purification spirituelle et à la dispersion des énergies négatives. Certains utilisent des vaporisateurs pour créer une ambiance propice à la méditation et à la relaxation. Les parfums ou huiles essentielles sélectionnés peuvent contribuer à apaiser l'esprit et à favoriser un état de calme intérieur.

7
FORÊT

Baies

Les baies sauvages, symboles d'énergie et de vitalité, se distinguent par leurs couleurs vives et leurs saveurs fruitées, reflétant la force vitale de la nature. Comme beaucoup de fruits, elles subissent une transformation, passant de la fleur à la baie mûre. Cette évolution symbolise le cycle de la vie, de la mort et de la renaissance.

Bouton d'or

Le bouton d'or est l'une des premières fleurs à fleurir au printemps, annonçant ainsi le renouveau de la nature. Il symbolise donc la renaissance, la résurrection et le début d'un nouveau cycle. La couleur jaune vif du bouton d'or évoque la joie, l'optimisme et la lumière. Cette fleur est souvent associée à la gaieté et au bonheur, nous rappelant de profiter des petits plaisirs de la vie.

Cerf

Le cerf est un animal très intuitif et sensible à son environnement. Il a la capacité de sentir les dangers et de prendre les bonnes décisions pour sa survie. Symboliquement, le cerf nous rappelle l'importance d'être à l'écoute de notre intuition et de notre sagesse intérieure pour prendre des décisions éclairées dans notre vie.

Champignons

Les champignons sont vus comme des ponts vers le monde spirituel ou divin, particulièrement dans les pratiques chamaniques où ils facilitent la transe et la communication avec les esprits. Ils peuvent aussi symboliser la recherche d'union entre le masculin et le féminin, le ciel et la terre, le conscient et l'inconscient.

Champignon luminescent

Le champignon luminescent symbolise la lumière divine et l'éveil spirituel. Sa bioluminescence est perçue comme une manifestation physique de la lumière intérieure de l'âme. Il représente l'illumination spirituelle, la clairvoyance et la guidance intérieure. Il est souvent considéré comme un pont entre le monde matériel et le monde spirituel.

Chauve-souris

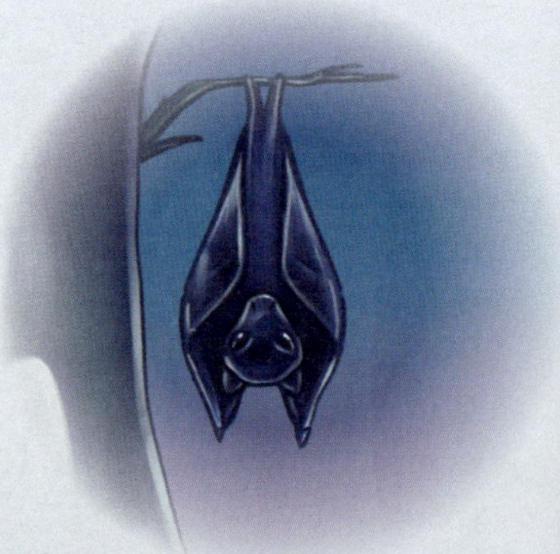

La chauve-souris, passant chaque soir d'une vie souterraine à une vie aérienne, incarne la transition et la transformation. Elle illustre le passage d'un état à un autre, par exemple de la vie à la mort ou d'une situation à une autre. Elle est également attachée à la capacité de voir au-delà des apparences et de percevoir des vérités cachées.

Coccinelle

La coccinelle est un emblème spirituel puissant et positif dans de nombreuses cultures. Elle symbolise protection, chance, amour, prospérité, orientation et transformation. En amulette ou lors d'une rencontre fortuite dans votre vie quotidienne, sa présence est un signe de bon augure et de joie.

Coquelicot

Le coquelicot fleurit souvent dans des endroits où la terre a été bouleversée ou perturbée, comme les champs de bataille. Il est un signe de renouveau, de régénération et de guérison, incarnant la capacité de la nature à se rétablir après des périodes de destruction. Le coquelicot symbolise généralement la résilience, la beauté éphémère et le renouveau.

Écureuil

Dans la tradition amérindienne, l'écureuil est un messager spirituel. Réputé pour son observation aiguë et sa concentration intense, il symbolise la vigilance et une sensibilité accrue aux signes et messages de l'Univers. Selon les Amérindiens, apercevoir un écureuil est un appel à affûter votre attention envers votre environnement et les opportunités qui se présentent à vous.

Empreintes d'ours

Les empreintes d'ours peuvent incarner la force, le courage, la guérison, la sagesse intérieure, la connexion spirituelle, la protection et l'amour familial. Elles nous rappellent de rester en contact avec notre essence spirituelle et de prendre soin de notre intégrité spirituelle et émotionnelle. Les empreintes d'ours symbolisent aussi la nécessité de se retirer du tumulte extérieur pour se reconnecter à notre propre puissance intérieure.

Fantôme

Dans de nombreux récits et légendes, les fantômes incarnent des entités hantées par leurs regrets, leur colère ou un traumatisme non résolu. Cette symbolique spirituelle suggère la nécessité de guérir les blessures émotionnelles, de résoudre les conflits intérieurs et de trouver la paix.

Farfadet

Dans de nombreuses cultures celtiques, le farfadet est une créature mystique, habitant les bois et les forêts. Considéré comme gardien de la nature, il crée un lien entre l'humanité et le monde spirituel. Il est parfois décrit comme capable de changer de forme, pouvant apparaitre sous différents aspects, symbolisant la faculté de l'esprit à se transformer et à évoluer.

Fée

Les fées symbolisent la connexion avec le monde des esprits et des royaumes invisibles. Elles sont des messagères entre les mondes matériel et spirituel, facilitant la communication avec les guides spirituels et les êtres célestes. Ces créatures sont souvent considérées comme des alliées et des gardiennes, veillant sur nos pensées, nos émotions et notre bien-être spirituel.

Feuille d'érable

L'érable, avec sa sève sucrée qui sert à produire du sirop, est un symbole de ressource et d'abondance. La feuille d'érable représente la richesse, la prospérité, et une vie abondante. Sa forme caractéristique incarne l'harmonie et l'équilibre, rappelant l'importance de maintenir une juste mesure entre les différents aspects de notre vie.

Feuille de hêtre

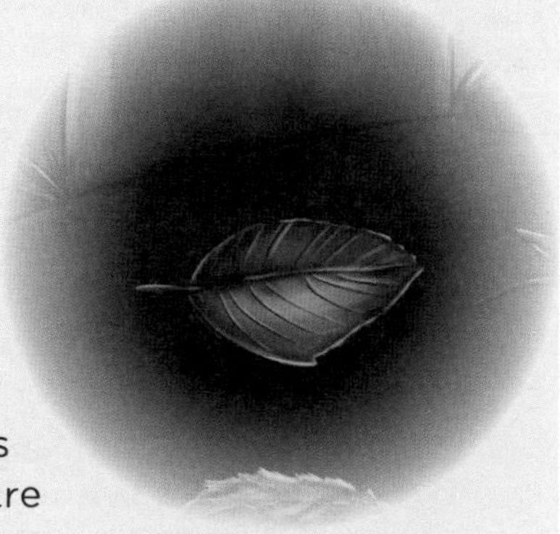

Le hêtre est un arbre sacré dans de nombreuses traditions spirituelles. Sa feuille représente la sagesse et la connaissance spirituelle, servant à la connexion avec la sagesse intérieure et la quête de vérité. Dans certaines cultures, les feuilles de hêtre sont considérées comme protectrices.

Feuille de marronnier

Dans la tradition celtique, le marronnier est associé à la sagesse et à la protection. La feuille de marronnier est considérée comme un talisman apportant la clarté mentale et la protection contre les énergies négatives. Elle rappelle également la nécessité d'être en harmonie avec notre environnement naturel et de trouver la paix intérieure dans la nature.

Fougère

Dans la culture maorie, la fougère a une signification spirituelle importante. Emblème de paix, de prestige et de force spirituelle, elle symbolise le lien entre le monde des vivants et le monde des ancêtres. Dans certaines traditions, la fougère est associée à la purification spirituelle. Utilisée lors de rituels de nettoyage, elle sert à éliminer les énergies négatives et à attirer les énergies positives.

Grenouille

La grenouille symbolise la sensibilité et l'intuition. Dotée d'un instinct de survie affûté, elle réagit rapidement aux changements de son environnement. Elle se présente comme un guide spirituel précieux pour ceux qui cherchent à aiguiser leur intuition et à établir une connexion profonde avec leur moi intérieur.

Hérisson

Le hérisson, avec sa capacité unique de se recroqueviller en une boule de piquants, est un symbole de protection contre les énergies négatives et les influences néfastes. Cet animal solitaire, préférant la compagnie de lui-même à celle des autres, incarne l'indépendance, l'autosuffisance, et une forte confiance en soi.

Hibou

Le hibou est souvent associé à la sagesse, à l'intuition et à la connaissance spirituelle dans de nombreuses cultures à travers le monde. Sa capacité à voir dans l'obscurité et son regard perçant symbolisent la perspicacité et la clarté mentale. Sa présence encourage à cultiver l'intuition et à faire confiance à notre instinct naturel.

Lapin

Le lapin, connu pour sa capacité à se reproduire rapidement, est souvent associé à la fertilité. Dans de nombreuses cultures, il représente la prospérité et la fécondité, évoquant la montée des plantes au printemps. Dans certaines traditions, le lapin blanc symbolise la pureté spirituelle et la paix intérieure.

Lutin

Dans la tradition celtique, le lutin est intimement lié au Sidh, le monde des esprits et des fées. Considéré comme un être magique et mystérieux, il est capable de traverser les mondes visibles et invisibles. Certains croient même qu'il peut servir de messager entre les humains et les dieux. Il est couramment dit que la présence d'un lutin près de soi apporte bonne fortune et chance dans les divers aspects de la vie quotidienne.

Oiseau

L'oiseau est un symbole de liberté, car il peut voler dans le ciel sans contraintes. Il incarne la capacité de s'élever au-dessus des limitations matérielles et de se connecter au divin, suggérant une perspective plus large sur le monde. Il représente également la sagesse spirituelle et la capacité à voir au-delà de l'apparence des choses.

Papillon de nuit

Le papillon de nuit, associé à l'obscurité, représente les aspects moins visibles de notre monde intérieur : émotions refoulées, peurs, secrets cachés. Il nous incite à explorer les parties les plus sombres de nous-mêmes et à les accepter. Son attirance pour la lumière peut être interprétée comme une quête de vérité spirituelle et d'illumination.

Pierre endormie

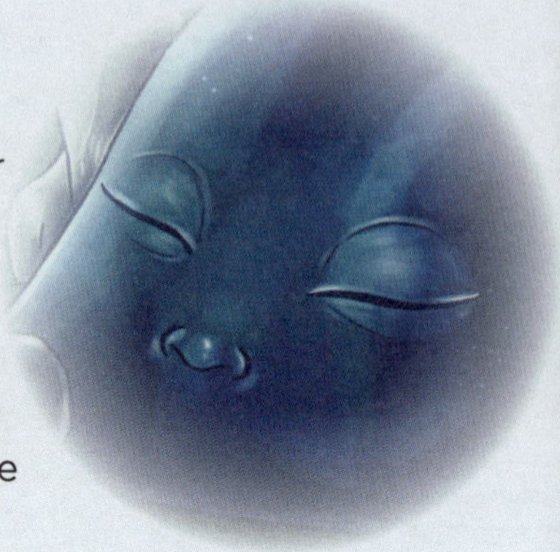

La pierre endormie peut représenter un potentiel latent qui attend d'être éveillé ou libéré, une renaissance spirituelle ou une nouvelle étape de vie. Elle peut être considérée comme un symbole de la connaissance ou de la sagesse endormie en chacun de nous. Elle invite à explorer notre monde intérieur et à trouver des réponses à travers l'introspection.

Renard

Le renard, célèbre pour sa ruse et son intelligence, est vu, dans de nombreuses traditions, comme un symbole spirituel, une faculté de mieux naviguer dans la vie et de trouver des solutions créatives aux problèmes. Connu pour sa capacité d'adaptation à différents environnements et situations, il incarne la flexibilité et la résilience face aux changements et aux défis de la vie.

Ver

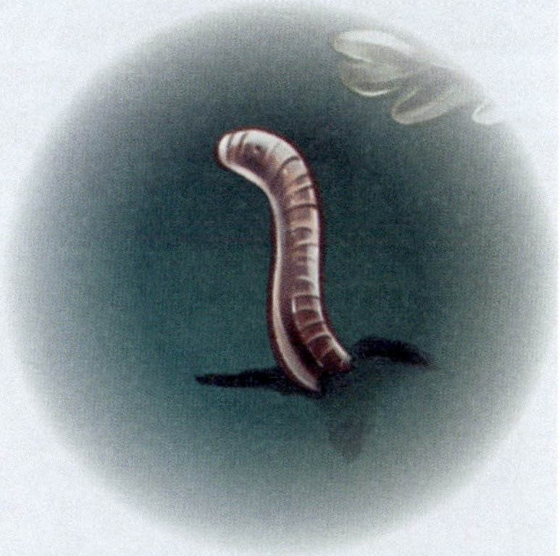

Dans de nombreuses traditions spirituelles, le ver est un symbole de fertilité, car il contribue à préparer le sol pour la croissance des plantes. Il représente la puissance créative et la capacité de créer de nouvelles choses à partir de ce qui est vieux et obsolète. Il enseigne l'importance de rester ancré et de se concentrer sur les tâches quotidiennes plutôt que de se laisser distraire par des vanités superficielles.

8

MARCHÉ

Aromates

Les aromates, présents dans de nombreuses traditions religieuses et spirituelles à travers le monde, portent une signification profonde. Ils sont souvent associés à la connexion avec le divin, à la purification, et à la protection contre les énergies négatives. Ils servent aussi à la guérison des blessures spirituelles et émotionnelles. De nombreuses cultures autochtones valorisent leurs propriétés purificatrices et protectrices.

Aubergine

L'aubergine est parfois associée à l'éveil spirituel et à la quête de vérité intérieure. Sa forme allongée et ses nuances de violet foncé sont interprétées par certains comme un lien entre le monde physique et le spirituel. Dans certaines cultures asiatiques, elle symbolise l'abondance et la prospérité.

Bouquiniste / revues

Un bouquiniste, gardien d'une vaste collection de livres, est souvent vu comme un savant ou un érudit. Cette image symbolise la quête incessante de connaissance et de sagesse. Les livres, dans ce contexte, sont perçus comme des portails menant à d'autres mondes, offrant des opportunités d'acquérir une compréhension plus profonde de soi-même et du monde qui nous entoure.

Bouteilles

Les bouteilles en verre, utilisées pour conserver des liquides ou des essences précieuses, représentent la conservation de l'énergie spirituelle ou vitale. Leur transparence évoque la clarté et la pureté de l'esprit. Elles symbolisent la quête spirituelle et la nécessité de se débarrasser des impuretés de l'âme.

Caisses d'archivage

Les caisses d'archivage peuvent être perçues comme un moyen de préserver la sagesse et les connaissances transcendantales des générations passées. Elles symbolisent la volonté de transmettre et de sauvegarder les enseignements spirituels hérités de nos ancêtres. Ces caisses peuvent aussi être considérées comme des coffres-forts pour nos pensées, nos sentiments et notre spiritualité.

Carottes

La carotte, poussant discrètement sous terre, reflète la croissance spirituelle enracinée dans les profondeurs de l'âme. Son développement lent et régulier incarne la patience et la persévérance nécessaires sur le chemin spirituel. Lorsqu'elle est récoltée en abondance, la carotte devient une métaphore de fertilité, de prospérité et de richesse spirituelle.

Cerises

Avec leur peau rouge vif et leur aspect séduisant, les cerises symbolisent souvent l'innocence et la pureté. Elles servent de rappel à la préservation de la pureté spirituelle et à la fidélité envers soi-même. Elles sont également liées à l'amour, à la passion et à la sensualité, incarnant la flamme intérieure qui brûle dans le cœur. Elles évoquent parfois la séduction et le désir.

Ciel sans nuage

Dans le christianisme, un ciel dégagé est souvent vu comme un signe de la présence divine et de sa grâce, représentant un état de béatitude et de perfection, dépourvu de soucis ou de troubles. Ce symbole est souvent utilisé pour évoquer le paradis, un lieu où les âmes sont libérées des souffrances et des contraintes terrestres. Dans le bouddhisme, un ciel sans nuage symbolise le vide ou le non-soi, considéré comme la nature ultime de toutes choses.

Citrons

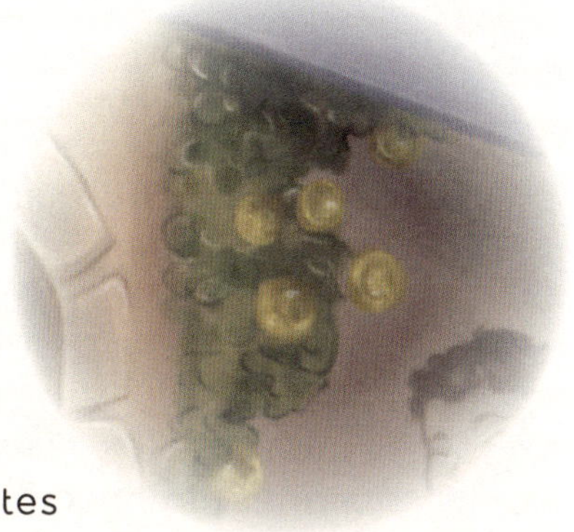

Le citron est reconnu comme un purificateur puissant. Son parfum frais et acidulé est réputé pour nettoyer l'énergie négative, les blocages émotionnels et les toxines spirituelles. On lui attribue la capacité d'éliminer les énergies stagnantes et de revigorer l'esprit. Connu pour ses propriétés stimulantes et rafraîchissantes, le citron favorise la concentration, la clarté mentale et l'éveil spirituel.

Clémentines

Dans certaines cultures, les clémentines symbolisent le bonheur familial et la paix. Elles sont souvent offertes lors des célébrations familiales et des occasions spéciales. Les clémentines sont également perçues comme un signe de prospérité et de richesse, en particulier dans certaines cultures asiatiques.

Colombages

Les colombages, combinant matériaux naturels et motifs géométriques, symbolisent l'harmonie entre le matériel et le spirituel. Ils nous rappellent l'importance de nourrir à la fois notre lien avec la nature et notre quête intérieure de sens et de vérité. Ils soulignent la nécessité de construire une base solide dans notre vie spirituelle et de rester résilients face aux défis et aux épreuves.

Cycliste / vélo

Le cycliste sur son vélo peut être vu comme le pratiquant de la pleine conscience, se concentrant entièrement sur l'instant présent, accordant une attention totale à chaque coup de pédale, à chaque respiration. Il représente la pratique de la présence consciente et la quête de la paix intérieure, ainsi que la poursuite de la liberté intérieure et de l'autonomie spirituelle.

Fanions

Dans de nombreuses traditions chamaniques anciennes, les fanions étaient suspendus aux arbres ou aux poteaux afin de captiver l'attention des esprits ou des ancêtres, sollicitant guidance et protection. Diverses cultures les emploient pour atteindre des buts spirituels comme la bénédiction, la protection, la purification ou la communication avec le divin.

Maraicher / casquette

La culture des légumes implique du temps, de l'effort et de la patience, incluant des étapes de préparation, de plantation, d'entretien et de récolte. Le maraicher incarne l'importance du travail assidu, de la persévérance et de la patience pour obtenir des résultats fructueux. Cela peut être vu comme une incitation à développer une relation intime avec la terre et à vivre en harmonie avec elle.

Mère et fils

La mère représente l'amour inconditionnel, la protection, le soin et la nourriture. Associée à la figure de la déesse mère, elle incarne la puissance maternelle et la bonté universelle. Le fils, quant à lui, symbolise la jeunesse, le renouveau, la pureté, l'innocence et le potentiel. Il est aussi le reflet de l'apprentissage et du développement spirituel. Ensemble, la mère et son fils incarnent l'union sacrée entre la terre et le ciel, la matière et l'esprit.

Parasol

Dans le bouddhisme, le parasol est vu comme un objet sacré évoquant sagesse et protection. Il est souvent placé au-dessus d'un autel ou d'une statue de Bouddha, symbolisant la protection spirituelle. Dans certaines cultures asiatiques, il est également associé à Guanyin, la déesse de la miséricorde, souvent illustrée avec un parasol pour exprimer sa protection et sa compassion envers tous les êtres vivants.

Peinture

La peinture sert souvent de moyen d'expression spirituelle personnelle. Les artistes l'emploient fréquemment pour illustrer leurs expériences spirituelles, leurs visions ou leurs méditations. Ils recourent à des symboles, à des couleurs ou à des motifs spécifiques pour transmettre leurs sentiments et leurs croyances spirituelles.

Pommes

Dans la mythologie grecque, la pomme est liée à Éris, déesse de la discorde, qui jeta une pomme d'or lors d'un mariage divin, provoquant une dispute entre les déesses et menant à la guerre de Troie. Cette anecdote symbolise le pouvoir destructeur des conflits et rivalités, ainsi que les répercussions de la jalousie et de la vanité.

Pot en terre

Le pot en terre est souvent vu comme un réceptacle symbolique de l'énergie spirituelle. Utilisé dans des pratiques telles que la méditation, la prière ou des rituels, il est empli d'intentions, de souhaits ou de requêtes. La plante qui y grandit est alors considérée comme le symbole de la concrétisation de ces intentions dans la réalité.

Salut

Le salut est un échange d'énergie positive marquant une connexion et une reconnaissance mutuelle de l'âme entre deux individus. Il symbolise également la célébration de la vie et la reconnaissance de l'interconnexion de tous les êtres vivants. En saluant quelqu'un, on reconnait sa présence et son rôle important dans le tissu de la réalité.

Stand de bonbons

Les bonbons évoquent la douceur de la vie et la satisfaction des plaisirs. Ils représentent la manifestation de nos désirs et de nos souhaits les plus profonds, réveillant des souvenirs d'enfance et d'innocence. Le stand de bonbons symbolise la joie et la spontanéité, rappelant les moments de douceur et de plaisir de jeunesse.

Stand de vêtements

Les vêtements sont utilisés pour se protéger des éléments extérieurs et pour maintenir l'intégrité du corps. Un stand de vêtements pourrait symboliser la nécessité de se protéger physiquement, émotionnellement et spirituellement. Cela peut également symboliser la volonté, la liberté de se définir et de montrer sa véritable identité.

Toile

Certaines toiles de peinture regorgent de symboles et de significations cachées. Elles servent à transmettre des messages spirituels, des enseignements ou des réflexions sur la nature de la réalité, de la divinité ou de l'expérience humaine. La toile elle-même peut symboliser une exploration de l'âme, de ses profondeurs et de sa connexion avec le monde extérieur.

9

MAROC

Abri de toiles

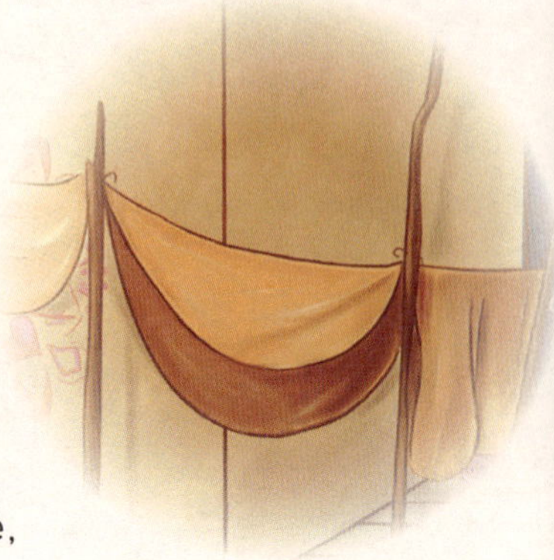

L'abri de toiles tirées symbolise un refuge sûr et protecteur contre les éléments extérieurs. Cela peut être la représentation de la protection divine ou d'une force supérieure qui offre un havre de paix et de sécurité. Il peut également évoquer une retraite spirituelle ou un lieu de méditation, un espace calme et isolé, propice au retrait du monde extérieur pour se concentrer sur sa connexion intérieure et spirituelle.

Anneaux joints

Spirituellement, des anneaux entrelacés symbolisent l'union, la connexion et l'harmonie, illustrant l'interconnexion de toute chose dans l'Univers et l'unité fondamentale de toute création. Cela nous invite à reconnaitre notre responsabilité envers l'ensemble et notre capacité à influencer le monde par notre connexion et notre harmonie intérieure.

Coucher de soleil

Le coucher de soleil, marquant la fin d'une journée et le début d'une autre, symbolise le renouveau et la renaissance. Il rappelle que chaque jour offre une chance de repartir de zéro et de se réinventer. C'est un moment de calme et de sérénité propice à la contemplation intérieure et à la réflexion spirituelle. Il offre l'opportunité de se recentrer, de méditer et de renforcer sa connexion avec soi-même et l'Univers.

Couronne

La couronne est souvent utilisée comme symbole de l'autorité divine ou spirituelle. Elle peut également évoquer la réalisation ou l'éveil spirituel. Dans diverses traditions, une personne parvenue à un niveau élevé de compréhension ou de connexion spirituelle est parfois représentée avec une couronne pour montrer sa sagesse et sa maitrise spirituelle.

Coussins

Dans de nombreuses traditions spirituelles et religieuses, les coussins au sol servent de support pour la méditation et les exercices spirituels. Ils représentent la création d'un espace sacré propice à la connexion avec soi-même et le divin, encourageant le calme, la détente et la concentration. S'asseoir sur le sol permet d'harmoniser les énergies et de favoriser l'équilibre intérieur.

Demi-cercle

Le demi-cercle représente souvent l'unité et la complétude, vu comme une moitié d'un tout. Il symbolise l'harmonie et l'équilibre entre les forces contraires telles que le yin et le yang, le masculin et le féminin, le jour et la nuit. Il évoque aussi la progression et le développement spirituel. Il représente également des limites et des séparations.

Épices

Les arômes envoûtants des épices créent une atmosphère sensorielle unique, souvent liée à la purification, au renouveau et à l'élévation spirituelle. Leurs parfums peuvent stimuler les sens et encourager une expérience spirituelle intense. Les teintes éclatantes des épices, alliées à leurs fragrances puissantes, éveillent aussi les sens et contribuent à l'éveil de la conscience.

Étoffes pliées

Les étoffes pliées représentent la purification spirituelle. Plier les tissus peut illustrer le processus d'élimination des impuretés et la préparation à une nouvelle vie intérieure, alignée avec notre être profond. Cela peut également exprimer la volonté de préserver et de protéger le lien spirituel ou la connexion avec une puissance supérieure.

Éventail

L'éventail, par sa forme, symbolise l'élévation spirituelle et l'ascension vers des niveaux de conscience supérieurs. Il représente l'élargissement de la conscience et la connexion à des dimensions spirituelles plus élevées. Déployé, il évoque l'ouverture de notre potentiel et de notre essence spirituelle, incarnant ainsi la transformation et l'épanouissement personnel.

Femme qui lave son linge

Laver le linge est un acte de purification physique, symbolisant l'élimination des impuretés et des énergies négatives. Spirituellement, cela peut représenter la purification de l'âme, en se libérant des pensées, émotions et comportements indésirables. Cet acte peut aussi refléter l'importance de l'humilité et de la modestie dans la pratique spirituelle.

Géométrie sacrée

La géométrie sacrée est une voie pour comprendre le monde spirituel à travers les formes géométriques présentes dans la nature et l'architecture sacrée. Ces formes sont considérées comme sacrées, car elles reflètent des lois universelles et symbolisent des aspects importants de la vie spirituelle tels que l'unité, l'harmonie, l'équilibre et la perfection.

Grande Porte

Une grande porte peut représenter le passage d'un état familier à un état inexploré, symbolisant ainsi une transition spirituelle ou une transformation personnelle significative. Elle évoque la possibilité d'une métamorphose tant personnelle que spirituelle. Cette image peut aussi signifier l'opportunité de délaisser des habitudes négatives et d'entrer dans une nouvelle phase de croissance et d'épanouissement spirituels.

Mandala

Les mandalas sont fréquemment employés pour symboliser l'Univers et ses multiples dimensions. Ils représentent des systèmes cosmiques, des planètes, des étoiles et des galaxies, évoquant l'ordre et la beauté de la création. Dans le bouddhisme, les mandalas servent d'outil méditatif pour se connecter à des niveaux plus élevés de la conscience et viser l'illumination.

Mosaïque

Dans la tradition islamique, les carreaux décoratifs utilisés dans l'architecture des mosquées et des palais sont souvent agrémentés de motifs géométriques complexes. Ces motifs évoquent l'ordre et l'harmonie de l'Univers, ainsi que la perfection divine. Ils incarnent aussi la beauté spirituelle et la quête de transcendance.

Narguilé

Fumer le narguilé est souvent un acte qui invite à se concentrer sur l'instant présent. L'attention se porte sur le processus de fumer et sur le rituel qui l'accompagne, en évitant de se laisser distraire par les préoccupations passées ou futures. Cette pratique peut être considérée comme une incitation à savourer pleinement le moment présent et à prendre la pleine conscience de chaque aspect de la vie.

Oranges

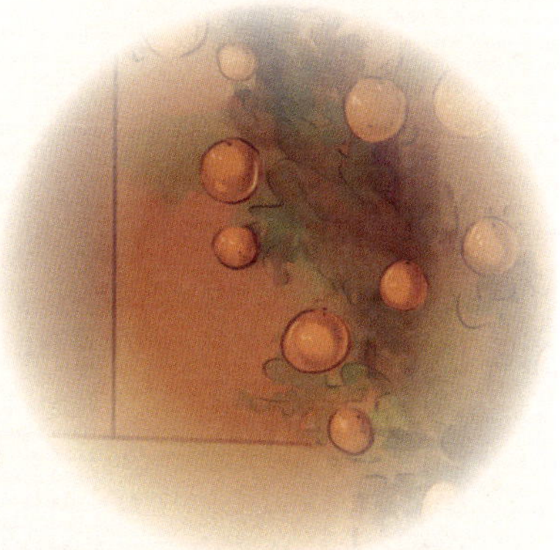

Dans le bouddhisme, l'orange est la couleur de la sagesse et de l'éveil spirituel. D'ailleurs, les moines portent des robes orange pour symboliser leur engagement dans la spiritualité. Dans la tradition hébraïque, les oranges symbolisent plutôt la fertilité et la prospérité, et elles protègent contre le mauvais œil.

Parasol

Le parasol est considéré comme un symbole de sagesse et d'éveil spirituel. Dans certaines traditions bouddhistes, il est associé à la connaissance et à la sagesse ultime qui protègent contre l'ignorance et conduisent à la libération spirituelle. Au Maroc, il évoque la protection, l'ombre et la spiritualité. Employé dans les pratiques religieuses et culturelles, il symbolise la connexion avec le divin et crée un espace sacré.

Porte décorée

Dans le soufisme, branche mystique de l'islam très répandue au Maroc, la porte symbolise le passage vers la spiritualité et les dimensions cachées et mystérieuses de l'existence. Traverser cette porte est souvent interprété comme un voyage intérieur vers la connaissance de soi et la découverte de la vérité spirituelle.

Pots

Les pots en terre symbolisent la fertilité et la vie. Fabriqués à partir de matériaux naturels, les pots en terre cuite sont fréquemment associés à la terre et à la nature. Ils incarnent ainsi l'enracinement dans la Terre Mère et une connexion profonde avec l'environnement naturel. Ils peuvent aussi représenter le potentiel de création et de croissance.

Service du thé

Le service du thé marocain est un moment de partage et de convivialité. Pendant ces temps de rassemblement et d'échange, les gens discutent, rient et se connectent les uns aux autres. Au-delà de sa signification sociale, la préparation du thé, avec ses gestes rituels et ses prières murmurées, est une forme de méditation et de connexion spirituelle.

Tapis

Les tapis persans, conçus avec une grande minutie et une attention à la symétrie, symbolisent l'harmonie et l'équilibre dans la vie. Ils rappellent l'importance de maintenir un équilibre entre les différents aspects de sa vie pour parvenir au bonheur et à la paix intérieure. Marcher sur un tapis persan apaise et réconforte l'âme.

Tenue traditionnelle

La djellaba, longue robe ample portée aussi bien par les hommes que les femmes au Maroc, est typiquement de couleur unie et peut être agrémentée de motifs brodés ou tissés. Elle est souvent perçue comme un symbole de modestie et de simplicité, reflétant ainsi les valeurs spirituelles telles que la modestie et l'humilité dans l'islam. Les couleurs employées dans ces tenues traditionnelles marocaines peuvent également porter une signification symbolique.

Végétation

La végétation est souvent vue comme un symbole de résilience et de persévérance face aux difficultés. Les plantes qui prospèrent dans des milieux hostiles, tels que les déserts, représentent la force et le courage. La végétation est également associée à la vie, à la croissance et au renouveau.

10

MER

Ancre

L'ancre symbolise la stabilité et la sécurité d'un navire, tout comme elle incarne notre capacité à rester enracinés et équilibrés dans notre vie. Elle est souvent utilisée pour évoquer l'espoir et la confiance, notamment dans les symboles chrétiens. Elle rappelle que, même par temps difficile, il existe des points d'ancrage sûrs sur lesquels nous pouvons nous appuyer.

Arche

L'arche de pierre au fond de l'eau symbolise la renaissance, la transformation et le passage vers une nouvelle vie. C'est aussi l'accès à une sagesse profonde et spirituelle, représentant un pont vers des connaissances secrètes ou ésotériques. Dans la tradition biblique, l'arche de pierre pourrait être un symbole d'alliance entre l'humanité et le divin.

Banc de poissons

Les poissons nagent souvent en bancs serrés, ce qui peut figurer l'unité, la coopération et l'harmonie dans un groupe social. Ainsi, un banc de poissons évoque l'importance de travailler ensemble et de se soutenir les uns les autres. Il peut aussi représenter la profondeur émotionnelle, la sensibilité et la capacité d'écouter son intuition.

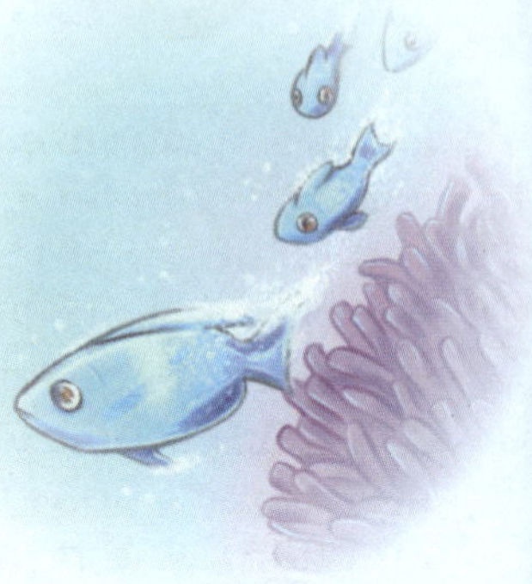

Bouée

Une bouée immergée peut symboliser une aide ou un soutien spirituel présent mais difficile à atteindre. Cela suggère que, même plongés dans des profondeurs émotionnelles ou spirituelles, des ressources et des catalyseurs sont disponibles pour nous aider à remonter à la surface. Autrement dit, un potentiel de salut existe toujours et nous avons la capacité de nous en sortir.

Boussole

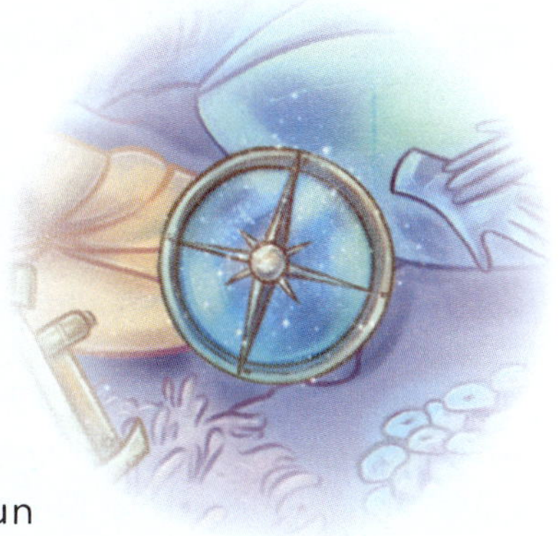

La boussole est généralement utilisée pour se diriger. Elle représente donc la capacité à trouver sa voie dans la vie. Si elle est immergée, elle évoque une perte de repères, une confusion ou une difficulté à trouver sa direction spirituelle. Cela peut être un besoin de se reconnecter à ses véritables aspirations et de réaligner sa vie sur son chemin spirituel.

Chat scaphandrier

Le chat est souvent associé à la spiritualité et à l'intuition, tandis que le scaphandrier symbolise la nécessité de se plonger dans les profondeurs de l'inconscient pour trouver la sagesse. Cette combinaison pourrait évoquer la dualité entre l'intérieur et l'extérieur, entre les mondes visibles et invisibles, et l'importance de trouver l'équilibre entre les deux.

Ciel orange

L'orange est la couleur de l'énergie, de la vitalité et de la créativité. Un ciel orangé symbolise la force intérieure et l'inspiration nécessaires pour réaliser ses projets et poursuivre ses rêves. L'orange est également associé au chakra sacré, lié à l'équilibre émotionnel et à la créativité. Ce ciel orangé invite donc à l'harmonie et à l'équilibre entre l'esprit et le corps.

Coffre aux trésors

Le coffre aux trésors immergé symbolise les richesses intérieures, les connaissances ou les ressources cachées dans votre propre inconscient. Il suggère que les réponses ou les enseignements précieux que vous recherchez se trouvent peut-être dans des endroits inattendus, mais accessibles avec un peu d'exploration de votre moi intérieur.

Coquillage corne

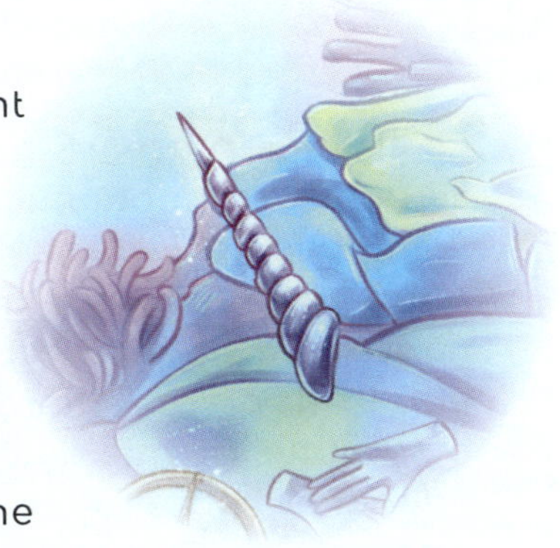

Le coquillage corne est généralement un symbole de prospérité et d'abondance. Il évoque donc la richesse matérielle, mais aussi la richesse spirituelle et émotionnelle. Ce coquillage au fond de l'eau renvoie à l'exploration des profondeurs pour trouver la vérité et la sagesse cachées. Un signe puissant pour ceux qui cherchent à se connecter à leur spiritualité et à leur moi le plus profond.

Coquillage (nombre d'or)

Ce coquillage, qui épouse la forme spiralée d'un escargot, est un symbole spirituel de croissance, de transformation et d'évolution. Il peut également inspirer le voyage intérieur, la recherche de soi et la découverte de nouvelles dimensions spirituelles. La profondeur de l'eau et la lenteur de l'escargot soulignent l'importance de la patience, de la persévérance et de la contemplation dans la quête spirituelle.

Crabe

Le crabe représente la capacité de se protéger émotionnellement et spirituellement, de se retirer dans notre coquille en cas de besoin. Sa capacité à se déplacer latéralement et à s'adapter à différents types d'habitats renvoie à notre propre capacité d'adaptation et de survie dans des environnements changeants.

Éléphant

Un éléphant immergé symbolise un processus de renaissance ou de résurrection spirituelle. Cela suggère que vous, ou la situation en question, êtes en pleine transformation intérieure, prêt·e à réapparaitre sous une nouvelle forme. Cette carte vous invite à vous laisser porter par les courants de la vie, à faire confiance à votre intuition et à accepter les défis et les changements qui se présentent.

Étoile de mer

La capacité de l'étoile de mer à régénérer ses membres évoque la guérison et la renaissance. Elle incarne notre faculté à surmonter les blessures émotionnelles. Son allure étoilée la lie à la spiritualité, évoquant l'éveil de la conscience. Symbole de la connexion au divin, elle nous rappelle de rayonner de notre lumière intérieure.

Gants

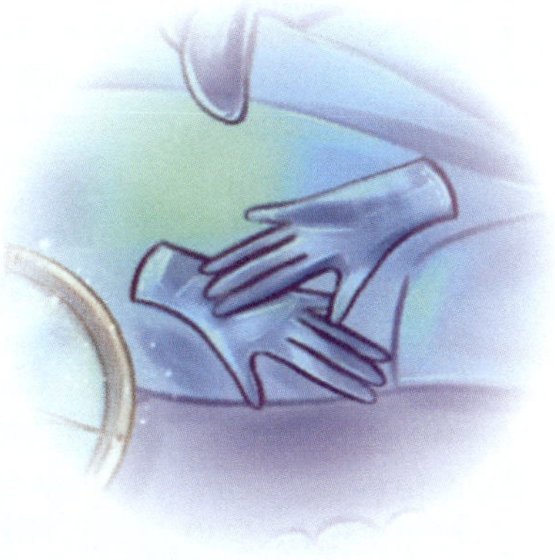

Les gants sont souvent associés à la protection et à la maitrise de soi. Immergés, ils évoquent un renoncement à cette protection ou un lâcher-prise des aspects contrôlants de la personnalité. Ils invitent à plonger dans l'inconscient pour explorer et comprendre nos émotions et nos intuitions les plus profondes.

Hameçon

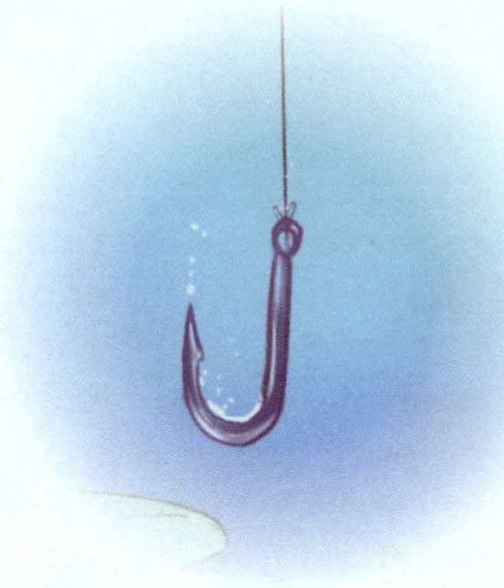

L'hameçon immergé est une métaphore de la quête de profondeur ou d'élévation sur le plan spirituel. Il évoque la soif de découvrir un sens véritable et un but plus élevé dans la vie. Au fond de l'eau, il rappelle la persévérance nécessaire dans notre cheminement spirituel, en attendant le moment propice pour obtenir une réponse ou une expérience spirituelle.

Hippocampe

L'hippocampe est souvent associé à l'imagination débordante et à la créativité. Son apparence unique et ses mouvements gracieux évoquent la capacité de naviguer dans un monde fantaisiste et de créer de nouvelles idées. Avec sa stabilité et sa grâce, l'hippocampe symbolise la recherche d'un équilibre émotionnel.

Longue-vue

La longue-vue représente la quête de la connaissance et de la vérité. Sa présence sous l'eau évoque la difficulté à atteindre la vérité ou la clarté dans certaines situations. Elle incite à faire confiance à son intuition plutôt qu'à ce que l'on voit ou observe superficiellement.

Lunettes

Les lunettes de vue servent à améliorer la vision, qu'elle soit physique ou symbolique. Immergées, elles peuvent symboliser la quête d'une vision intérieure plus profonde. Elles suggèrent l'invitation à plonger au plus profond de soi-même pour y trouver des réponses ou des vérités intérieures.

Maison bleue, verte

Le bleu est la couleur de la spiritualité, de l'intuition et de la méditation. Une maison bleue évoque un refuge pour la réflexion et la connexion spirituelle.
Une maison verte symbolise le besoin de revitalisation et de croissance personnelle.
Elle peut aussi refléter un lieu favorisant la guérison et le bien-être.

Maison jaune, orange, noire

Une maison jaune peut symboliser la quête de la lumière intérieure, la chaleur, la créativité et l'optimisme.
Une maison orange vous invite à la passion, à la créativité, à l'enthousiasme et à la communication.
Une maison noire évoque le mystère, la puissance, la force intérieure et la volonté de découvrir des choses occultes.

Maison violette, rose, rouge

La maison violette symbolise un lieu où l'on recherche une connexion plus profonde avec soi-même et avec le divin.
La maison rose est associée à l'amour de soi et à la recherche d'une guérison émotionnelle.
La maison rouge représente l'envie ou le besoin d'un endroit animé, où l'on entreprend des projets ambitieux et où l'on cultive ses passions.

Méduse

La méduse est connue pour sa capacité de transformation et d'adaptation à son environnement.
En symbolique spirituelle, elle incite à la flexibilité, à l'ajustement et à la métamorphose face aux changements. Elle rappelle également l'importance de la transparence et de la clarté dans nos actions et nos intentions.

Phare

Le phare est généralement symbole de lumière et de guidance. Il incarne la capacité à éclairer notre chemin dans l'obscurité, à nous orienter vers la bonne voie et à nous guider vers la sécurité. Sur un plan spirituel, il représente la sagesse et l'illumination, nous invitant à suivre notre Lumière intérieure pour être guidés sur notre parcours.

Plantes de fonds marins

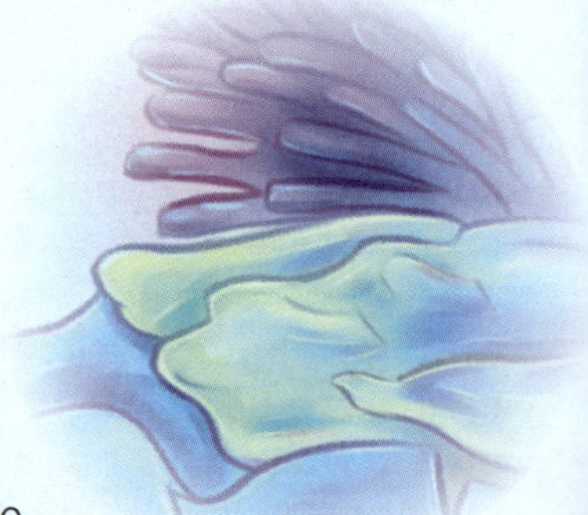

Les plantes de fonds marins, symboles de calme et d'équilibre émotionnel, nous enseignent l'importance de cultiver la tranquillité intérieure et la stabilité émotionnelle, même dans des environnements turbulents. Elles incarnent l'unité et l'interdépendance de tous les êtres vivants, ainsi que notre lien spirituel avec la nature.

Plume de paon

Les plumes de paon sont liées à la sagesse et à la connaissance, reflétant la beauté et l'œil omniscient. Elles symbolisent l'illumination et la quête de la vérité spirituelle. Dans certaines cultures, elles représentent aussi l'amour et la fidélité. Elles évoquent également la recherche de l'esthétisme et de l'élégance.

Poisson des abysses

Le poisson des abysses, vivant dans les profondeurs de l'océan, symbolise les profondeurs de l'âme humaine. Il représente les émotions intenses, les pensées sombres ou les secrets enfouis. Il incarne également le mystère et l'inconnu de la vie spirituelle, encourageant l'exploration de la conscience pour révéler des vérités cachées.

Seau

Le seau en bois, symbole d'abondance et de fertilité, est associé à la richesse et à la prospérité dans de nombreuses cultures en raison de son rôle dans le transport de l'eau. Simple et modeste, il incarne la valeur de la simplicité et de l'humilité dans la spiritualité. Il nous rappelle l'importance de rester ancrés et modestes dans notre cheminement spirituel.

Sextant

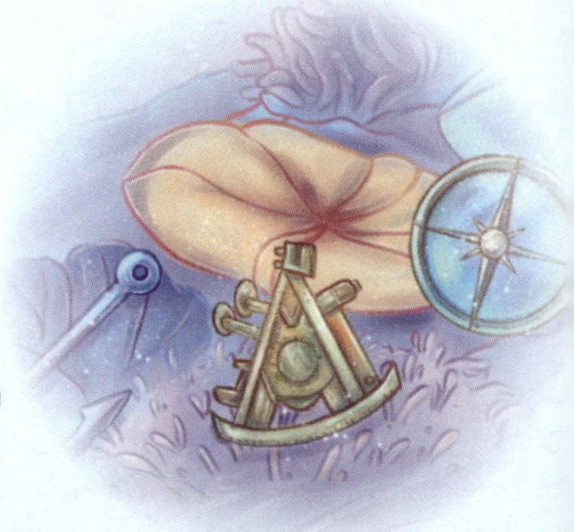

Le sextant, associé au voyage, à la découverte de nouveaux horizons et à l'exploration de l'âme, symbolise notre voyage intérieur à la recherche de notre véritable identité et notre connexion avec l'Univers. Il peut également représenter notre recherche de sens, notre quête de vérité et notre désir de trouver notre chemin dans la vie.

Sirène

La sirène symbolise la transformation, grâce à sa nature mi-humaine et mi-aquatique. Elle représente la possibilité de changer et de se métamorphoser sur le plan spirituel. De plus, elle incarne la tentation qui peut nous éloigner du droit chemin spirituel, servant d'avertissement.

Tortue

Dans certaines traditions, la tortue est considérée comme un animal spirituel puissant qui favorise l'équilibre entre le corps, l'esprit et l'âme. Elle représente l'union de la terre et du ciel, la connexion entre le monde matériel et le monde spirituel. Elle est également un symbole de sagesse et de patience, car elle a traversé de nombreux obstacles au fil du temps.

11

MONTAGNE

Abri à bois

L'abri à bois symbolise la capacité de l'homme à se débrouiller et à subsister en s'appuyant sur ses propres ressources. Il rappelle l'importance de l'autonomie et de la résilience face aux aléas de la vie. Dans une perspective spirituelle, l'abri à bois représente des valeurs telles que la protection, la gratitude, la connexion à la nature, la simplicité, l'autonomie et la résilience.

Barrière

La barrière dans la neige peut être une métaphore des limites et des obstacles présents dans nos vies. Elle symbolise les défis et les difficultés à surmonter pour atteindre nos objectifs ou réaliser notre potentiel. En même temps, cette barrière peut être vue comme un moyen de s'autodéfinir, de se focaliser sur ses priorités et de trouver la force nécessaire pour surmonter ces obstacles.

Bonhomme de neige

Le bonhomme de neige, qui fond avec le temps, symbolise, de par sa nature éphémère, la fragilité et le caractère transitoire de la vie terrestre. Il rappelle de profiter de chaque instant présent, de ne pas s'attacher excessivement aux choses matérielles et de se concentrer sur l'essentiel.

Boule de neige

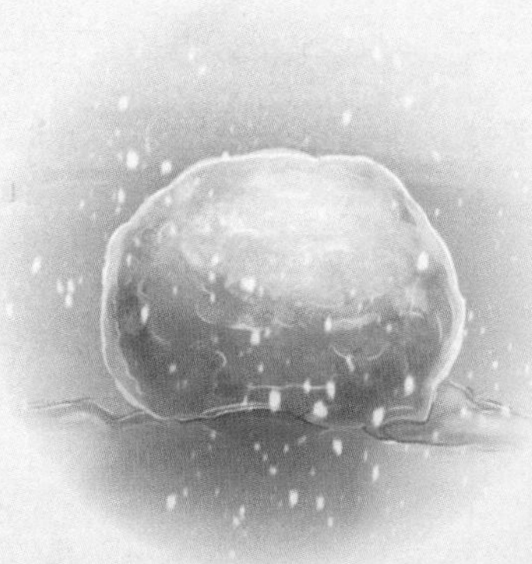

La neige, souvent associée à la pureté et à l'innocence, voit sa quintessence capturée dans la boule de neige, symbolisant ces vertus spirituelles. Une boule de neige parfaitement ronde évoque l'harmonie et l'équilibre. Sur le plan spirituel, cela renvoie à l'équilibre entre l'esprit et le corps ou entre les différentes dimensions de notre être (physique, émotionnel, mental et spirituel).

Chalet enneigé

Un chalet enneigé, niché dans des paysages naturels magnifiques, symbolise l'union avec la nature et une connexion profonde avec l'environnement. Il rappelle l'importance de respecter et de préserver la nature, tout en soulignant la nécessité de trouver l'harmonie et l'équilibre en vivant en communion avec elle.

Écharpe

Une écharpe, utilisée pour protéger le cou et apporter de la chaleur durant les périodes froides, peut symboliser la protection et la chaleur spirituelle dans les moments difficiles. La présence d'une écharpe abandonnée ou perdue dans la neige peut être interprétée comme un symbole de deuil ou de tristesse, évoquant la perte et le besoin de réconfort.

Flocons

Les flocons de neige, caractérisés par leur blancheur éclatante et leur délicatesse, symbolisent la pureté et l'innocence. Ils représentent la beauté et la perfection de l'âme, mettant en lumière l'importance de laisser notre véritable nature intérieure s'exprimer. L'unicité de chaque flocon de neige est souvent vue comme une métaphore de notre propre singularité en tant qu'individus.

Forêt de pins

Les pins, connus pour leur capacité à prospérer dans des conditions difficiles telles que les vents violents, les sols pauvres ou les incendies de forêt, sont souvent associés à la résilience. Ils symbolisent la force intérieure, la persévérance et l'endurance face aux défis de la vie. Ils sont perçus comme des gardiens de la sagesse ancestrale et de la connaissance spirituelle.

Glace craquelée

Les morceaux de glace craquelée illustrent la possibilité de révéler des aspects de la réalité auparavant invisibles ou cachés. Ils symbolisent la recherche de la vérité ou la connexion avec des dimensions spirituelles plus profondes. Les fissures dans la glace suggèrent une rupture, une libération ou un passage à un nouvel état d'être.

Grotte et stalactites

La grotte représente l'inconscient, l'intérieur profond du Soi et le mystère de la spiritualité. Elle peut être perçue comme un passage vers un autre monde, une autre réalité, où les vérités profondes et les connaissances cachées sont révélées. Les stalactites, se formant par l'écoulement lent de l'eau du plafond de la grotte, peuvent évoquer les révélations spirituelles s'accumulant progressivement dans notre psyché.

Igloo

Les Inuits ont acquis des compétences spécifiques dans la construction et l'entretien d'igloos, des abris temporaires essentiels pour leur survie dans des conditions climatiques extrêmes. Cela peut être vu comme une métaphore de la force intérieure et de la capacité à s'adapter aux circonstances extérieures. L'igloo peut aussi symboliser un sanctuaire intérieur ou un espace sacré.

Luge

La luge symbolise la vitesse et l'élan dans la vie spirituelle. Elle représente la faculté de progresser et d'évoluer rapidement sur le chemin de la spiritualité. La luge glisse sur la neige ou la glace, symbolisant ainsi l'acceptation du flux de la vie. De même, être en harmonie avec la nature et les forces de l'Univers facilite la navigation sur son chemin spirituel.

Neige

La neige, vierge et immaculée, symbolise fréquemment la pureté et la capacité de nettoyer l'esprit et le corps. Dans diverses traditions spirituelles, elle est perçue comme une expression de la présence divine, incarnant la clarté et l'éclat de l'esprit sacré.

Nuage dragon

Le dragon est traditionnellement considéré comme une créature puissante et majestueuse. Associé à un nuage, il représente la vigueur spirituelle et la force des éléments naturels. Souvent liés à la sagesse et au savoir ces symboles conjoints évoquent la quête de vérité, le cheminement spirituel et la poursuite de la sagesse.

Perce-neige

Le perce-neige, émergeant souvent de la neige fondante, est l'une des premières floraisons après l'hiver. Symbolisant le renouveau de la vie et la renaissance post-dormance, cette fleur incarne espoir et optimisme. Son apparition précoce annonce l'arrivée prochaine de jours plus doux et ensoleillés.

Pics enneigés

Les pics enneigés symbolisent l'élévation spirituelle, la recherche de la sagesse et la compréhension des choses divines. Cette notion peut être incarnée par l'ascension vers le sommet d'une montagne couverte de neige, évoquant les étapes requises pour atteindre un état de conscience supérieur.

Pomme de pin

La pomme de pin est souvent associée à la connaissance et à la sagesse en raison de sa ressemblance avec la glande pinéale, plus connue sous le nom de « troisième œil ». Dans de nombreuses traditions spirituelles, cette glande est considérée comme le centre de la conscience et de la spiritualité.

Rapace

Dans de nombreuses cultures, les rapaces sont considérés comme des animaux spirituels reliant les mondes terrestre et céleste. Leur présence dans la neige évoque une connexion avec le divin, invitant à la contemplation, à l'introspection et à l'élévation spirituelle.

Renard blanc

Le renard est reconnu pour sa sagesse et sa ruse dans de nombreuses traditions. Le renard blanc, en particulier, symbolise souvent une connaissance profonde et une intelligence supérieure. Considéré comme un guide spirituel, il peut aider à prendre des décisions éclairées et est souvent vu comme un signe positif et encourageant.

Route sinueuse

La route sinueuse symbolise le parcours de la vie, avec ses difficultés et ses opportunités de croissance, de sagesse et d'expérience. Elle incite à la réflexion, à la patience et à la résilience. Cette route peut aussi représenter le voyage intérieur de l'âme, marqué par des moments de confusion, de découverte de soi et de transformation.

Sapin

Dans de nombreuses traditions, le sapin de Noël représente l'arbre de vie, symbole de la connexion entre le ciel et la terre. Les branches, tendues vers le ciel, évoquent l'aspiration spirituelle, tandis que ses racines, ancrées dans le sol, illustrent l'enracinement et la stabilité. En décorant le sapin de Noël, on célèbre donc la vie et la spiritualité.

12

OLYMPE

Ange (bas-reliefs)

Dans de nombreuses traditions spirituelles, un ange baigné de lumière est souvent vu comme un symbole de protection, de guidance divine et de présence angélique. La lumière représente la connaissance, la vérité et la pureté. Elle est envisagée comme une énergie divine, dissipant les ténèbres de l'ignorance et apportant la clarté spirituelle.

Blé

Le blé, résistant et capable de pousser dans des conditions difficiles, symbolise souvent la force, la résilience et la persévérance. Sa faculté à se redresser après les assauts du vent ou de la pluie évoque notre propre capacité à surmonter les épreuves et à continuer à avancer.

Casque d'Athéna

La symbolique spirituelle du casque d'Athéna est étroitement liée à la capacité de discernement, à la protection personnelle et d'autrui, ainsi qu'au combat juste et noble. Le casque, symbole de sagesse, protège la tête, siège de la pensée et de la connaissance. Il incarne la faculté de faire des choix éclairés et réfléchis, loin des réactions impulsives.

Casque d'Hermès

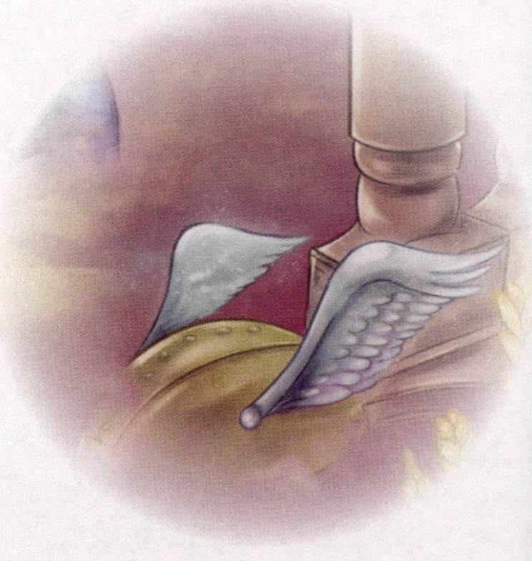

Le casque d'Hermès, dieu grec de la communication, du commerce et des voyages, symbolise la capacité de connaitre et de communiquer avec le monde invisible et les différents royaumes spirituels. Il est souvent représenté ailé, évoquant ainsi la rapidité de la transmission des messages.

Colonnes

Les colonnes représentent la stabilité, la solidité et la structure. Elles incarnent souvent des valeurs spirituelles telles que la sagesse, la connaissance et le lien entre le ciel et la terre. Dans diverses traditions spirituelles, elles sont associées à la colonne vertébrale humaine, symbolisant l'axe central qui relie les différents niveaux de l'existence et favorise l'élévation spirituelle.

Foudre

Dans la mythologie grecque, le foudre de Zeus est chargé d'une signification spirituelle profonde. Souvent représenté tenant un éclair, symbole de sa puissance et de son pouvoir divin, Zeus, roi des dieux, illustre par cet attribut la dualité créatrice et destructrice de la nature. La foudre évoque ainsi la puissance et l'autorité divines, ainsi que la justice et l'ordre cosmique.

Justice

Spirituellement, la justice incarne l'équilibre, la vérité, l'ordre et la responsabilité. Elle est souvent représentée par une balance ou une femme tenant une balance, indiquant la quête d'équilibre et d'harmonie. La balance illustre l'équité et la justice impartiale, où chaque individu est considéré équitablement par le divin.

Maisons et temples grecs

Les maisons et les temples grecs revêtent une symbolique spirituelle profonde. Les premières incarnent l'intimité personnelle et la protection spirituelle, tandis que les seconds symbolisent le lien avec le divin et la célébration de la spiritualité.

Marteau d'Héphaïstos

Sur le plan symbolique, le marteau d'Héphaïstos représente la puissance créatrice et transformatrice de l'esprit. Il incarne la capacité à donner forme, à façonner et à maitriser la matière pour en faire quelque chose de nouveau. Le marteau est également associé à la force, à la volonté et à l'effort.

Méduse

La capacité de Méduse à pétrifier ceux qui croisent son regard peut être vue comme une incitation à regarder en soi pour trouver la sagesse intérieure. En se confrontant à nos peurs et en plongeant dans notre psyché, nous pouvons découvrir des secrets et des vérités profondes sur nous-mêmes.

Nuages

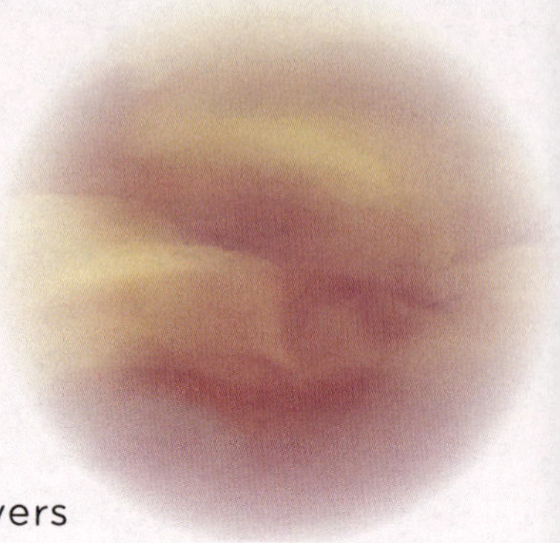

Souvent liés au divin ou au sacré, les nuages peuvent symboliser une communication spirituelle entre le ciel et la terre, entre le monde matériel et le monde spirituel. Ils évoquent également la possibilité de se libérer des contraintes terrestres et de s'élever vers des niveaux supérieurs de conscience.

Palais dans le ciel et pilier de lumière

Le Palais dans le ciel peut représenter un lieu céleste ou un royaume divin habité par des êtres spirituels évolués. Il symbolise un niveau supérieur de conscience et de réalisation spirituelle. Le pilier de lumière illustre le chemin ou la voie menant à ce palais, une « échelle » spirituelle permettant l'ascension vers des dimensions plus élevées de l'existence.

Pégase

Pégase, avec sa capacité à voler et à dépasser les limites spatiales et temporelles, est lié à la transformation personnelle et au dépassement de soi. Il invite également au voyage spirituel, à la quête de sagesse et de savoir. Symbole de puissance et de force intérieure, il représente la capacité de surmonter les obstacles.

Porte de l'Olympe

La Porte de l'Olympe est considérée comme une ouverture sacrée permettant aux dieux et aux déesses de descendre du ciel sur la Terre et d'interagir avec les mortels. Elle symbolise donc une connexion directe avec le divin et la possibilité d'accéder à une sagesse et à une guidance de niveau supérieur.

Sceptre de Zeus

Le sceptre de Zeus symbolise la puissance et la souveraineté spirituelles. Dans la mythologie grecque, où Zeus est le souverain des dieux et le maître de l'Olympe, ce sceptre incarne son autorité suprême et son habileté sa capacité à gouverner le monde. Il représente la justice, la sagesse et la force spirituelle de Zeus, incitant à l'exercice de notre souveraineté intérieure.

Trident de Poséidon

Sur le plan spirituel, le trident de Poséidon est un symbole de puissance intérieure, de transformation et de connexion avec les forces primordiales de l'Univers. Il illustre l'aptitude à maitriser les émotions tumultueuses, à naviguer dans les eaux troubles de la vie et à trouver l'équilibre entre les forces opposées.

Vigne et Bacchus

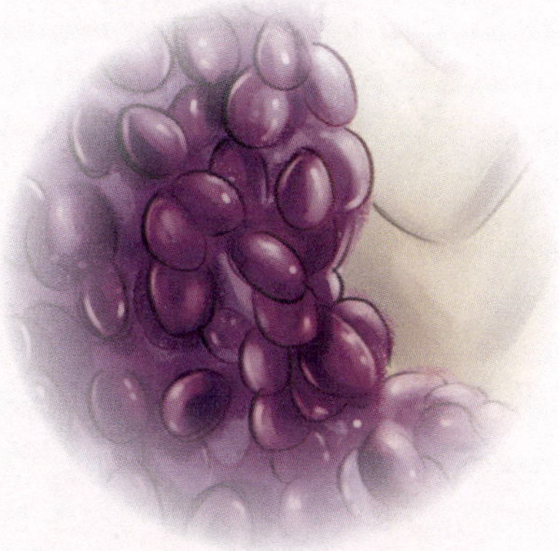

La vigne, en lien étroit avec Bacchus (ou Dionysos dans la mythologie grecque), porte une symbolique spirituelle riche et complexe. Les rituels dédiés à Bacchus étaient réputés pour leur caractère mystérieux et secret, nécessitant des cérémonies d'initiation spéciales pour les initiés désireux d'accéder à la sagesse du dieu. Ainsi, la vigne est une représentation du chemin vers l'initiation spirituelle et la découverte de vérités cachées.

Zeus

Zeus, reconnu comme le père des dieux et des hommes, est souvent dépeint avec une allure majestueuse, symbolisant la sagesse et l'autorité. Sa figure paternelle est associée à la protection et à la guidance des mortels. En tant que dieu des oracles et du destin, Zeus est lié au concept de prédestination et à la nécessité d'accepter son destin.

13

PIQUE-NIQUE

Ange

Les anges symbolisent la spiritualité, en tant que messagers des cieux. Vous avez été entendu·e, ne doutez pas de vos demandes, cet être vous rappelle la Lumière « en-JE ». Ayez confiance en la Lumière qui vous habite. Élevez vos pensées au-delà du monde des apparences et continuez à œuvrer l'esprit tranquille.

Avion

Symbole de l'air mais aussi d'élévation, l'avion vous incite à vous libérer du monde mental qui semble vouloir être aux commandes. L'avion permet d'aller illusoirement à la recherche d'un paradis que nous estimons loin de nos tribulations quotidiennes. Élevez vos pensées en les unissant à la Lumière du dedans.

Barque

Symbole de la mort et du passage, la barque indique une étape dans la croissance de votre conscience actuelle. Votre compréhension des choses se relie de plus en plus profondément au monde de l'invisible. Les petites morts vous détachent de l'ancien, donnant naissance à des prises de conscience qui jalonnent votre chemin. Suivez ce courant de Lumière.

Cerf-volant

Symbole de résurrection et de purification de l'âme, le cerf-volant vous invite à voler dans vos propres cieux intérieurs pour vous rapprocher de la Lumière qui vous habite. Il représente votre âme qui s'élève grâce à l'harmonie de vos pensées et de vos gestes, au plus près de votre Dieu intérieur.

Cerisier

Symbole de pureté, cet arbre légendaire représente le souvenir d'un proche disparu. Sa floraison annonce l'arrivée du printemps, symbolisant ainsi le renouveau et l'avancée vers la réalisation de vos souhaits et désirs. La beauté éphémère de son abondante et courte floraison vous rappelle la valeur de la vie et de son évolution.

Enfant qui joue

L'insouciance de l'enfance représente le souvenir d'une période révolue. Une envie de revenir à une vie plus légère, loin du monde des préoccupations et des responsabilités. Ce monde intérieur vous est toujours accessible. Le poids de vos pensées ne doit pas occulter la Lumière éternelle qui vous anime. Vous êtes cette Lumière.

Guêpe

Symbole d'un nouveau départ, la guêpe est déterminée et vous invite à persévérer. Elle vous rappelle la nécessité de savoir vous entourer d'êtres sur la même longueur d'onde et de vous alléger de tout ce qui vous nuit. Symbole également de protection et de purification, elle vous invite à faire confiance à votre volonté supérieure pour concrétiser vos souhaits les plus audacieux.

Harpe

Symbole de l'harmonie, la harpe est l'union parfaite entre le ciel et la terre. Porteuse d'une sagesse lointaine, cet emblème de beauté vous invite à relier chaque note de votre vie matérielle à sa partie divine. Chaque corde de cet instrument représente une force divine que vous portez en vous et dont vous pouvez user pour vous hisser dans l'harmonie de Vie.

Mésange

Cet oiseau symbolise la simplicité, la sociabilité, la spontanéité, le bonheur et la fidélité. Pour œuvrer conjointement avec ces énergies porteuses, la mésange vous rappelle l'importance d'être flexible, curieux·se et ouvert·e. La mésange bleue est associée au bonheur éternel et à la liberté. Elle vous rappelle l'importance de faire vibrer cet état intérieur pour cultiver le bonheur de vivre.

Montgolfière

S'élevant dans un monde libre de frontières et de son destin, la montgolfière symbolise l'avancement, l'aventure, l'envie de grands changements ou de grands voyages, d'aventures et d'explorations. C'est en vous-même que cette aventure sera la plus grande, dans votre ciel intérieur. L'expansion est le cadeau que l'âme s'offre dans le jeu de la vie.

Nénuphar

Le nénuphar symbolise l'Amour en tant que force universelle. C'est également l'élévation du monde terrestre vers le monde spirituel. En s'ouvrant de l'intérieur, le nénuphar vous rappelle que l'Amour est une force du dedans qui vous pousse à vous épanouir, à vous aimer et à vous ouvrir à la grâce de ce Dieu intérieur qui vous aime d'un amour immaculé.

Nuages épais et roses

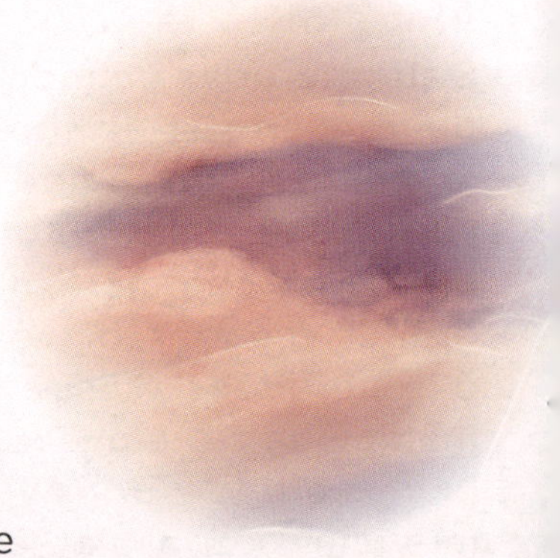

Symboles de rêverie, les nuages incarnent également la transformation permanente. Même s'ils voilent partiellement le ciel, ils se laissent modeler par la lumière du soleil qui les façonne de sa chaleur. De la même manière, ils vous rappellent que vous êtes en évolution constante. Laissez votre Lumière intérieure fertiliser vos changements.

Pic-vert

Symbole de protection et de communication, le pic-vert vous invite à trouver un équilibre entre la gentillesse et la prudence. Comprendre les cycles de la vie, agir avec une attention claire et une réelle ouverture du cœur doivent devenir une priorité. Ne redoutez pas les comportements des autres à l'égard de vos actions, ce que vous faites avec le cœur, vous le faites par Amour.

Pique-nique

S'installer en pleine nature pour picorer des mets préparés avec soin... Le pique-nique symbolise l'envie ou le besoin de se rapprocher de la divine matrice de la vie afin de s'en nourrir et de s'en abreuver. Tout comme notre corps requiert une nourriture physique pour alimenter nos journées, de la même façon, la nourriture psychique est un repas essentiel pour l'âme.

Pont en bois

Symbole de transition et de transformation, le pont représente également votre capacité à relier en conscience le monde tangible au monde invisible d'où il tire son existence. Il évoque aussi une épreuve initiatique de passage. En tant que divin constructeur, l'humain est lui-même ce lien incarné entre le ciel et la terre.

Rouge-gorge

Symbole de sagesse et de guérison, une légende raconte que le rouge-gorge aurait enlevé chaque épine de la tête du Christ représentant ainsi nos propres blessures. Son apparition annonce une évolution, une renaissance intérieure, offrant une nouvelle perspective sur la vie. Il symbolise également la transformation et la création.

14

RUSSIE

Affiche de ballet

Une affiche représentant la danse peut symboliser la transcendance des limites de l'expérience humaine, offrant aux danseurs et aux spectateurs un moyen de se connecter à un état supérieur de conscience. Elle peut illustrer la quête de transcendance spirituelle. Le ballet, en particulier, implique un équilibre précis et une coordination parfaite entre le corps, l'esprit et l'émotion.

Affiche de conte (torche, nuit)

L'image d'une femme russe tenant une torche représente l'équilibre entre la sagesse féminine et la connaissance spirituelle. Elle symbolise la quête de vérité, la volonté de guider les autres vers la lumière et de partager sa sagesse pour le bien-être collectif. Cette affiche encourage la réflexion sur l'éveil spirituel, la quête de vérité et la recherche de l'harmonie intérieure.

Affiche de Moscou

Une affiche de Moscou peut évoquer l'esprit de résistance et de lutte pour la liberté, rappelant les soulèvements populaires et les révolutions qui ont marqué l'histoire russe. Elle symbolise l'importance de l'engagement et du pouvoir du peuple dans la formation de l'histoire, incarnant la volonté de changement et la force de la résilience collective.

Affiche de sorcière

Une affiche avec une sorcière représente la croyance dans les pouvoirs magiques et surnaturels. La sorcière symbolise en effet la pratique de sorts, d'envoûtements et la manipulation des énergies invisibles. Ainsi, cette affiche illustre l'aptitude à maitriser les forces mystérieuses de l'Univers.

Boite à musique

Une boite à musique représente la capacité unique de la musique à transcender les frontières du quotidien et à nous connecter à des réalités plus vastes. Elle symbolise le potentiel humain de s'élever au-delà des limites du monde matériel et d'atteindre des dimensions supérieures de la conscience.

Ciel étoilé

Dans la culture russe, les étoiles sont vues comme des guides célestes et des sources de lumière et de sagesse. Elles incarnent l'espoir, la clarté et la protection divine. De nombreux contes et légendes russes dépeignent les étoiles comme des entités bienveillantes, capables d'exaucer les souhaits et de guider les âmes égarées.

Danseuse

Dans la tradition russe, la danse est souvent associée à des rituels et des célébrations, servant de moyen de communication avec les forces divines. La danse russe, avec ses mouvements expressifs, ses sauts, ses pirouettes et ses gestes élégants, symbolise la transcendance et l'élévation de l'âme.

Feu d'artifice

Dans la culture russe orthodoxe, le feu d'artifice est souvent associé à la lumière céleste ou divine. Employé lors de fêtes telles que Pâques, il représente l'illumination spirituelle. Les feux d'artifice symbolisent également la joie et l'allégresse, évoquant les bénédictions qui marquent les étapes importantes de notre vie intérieure.

Fourreau du sabre

Le fourreau d'un sabre russe, ou « poché », souvent orné de décorations, porte une signification spirituelle profonde. Le sabre russe est traditionnellement associé à l'honneur, au courage, à la force et à la fierté. Il représente la protection, la défense de la patrie et des valeurs sacrées. Ainsi, le fourreau du sabre symbolise la protection et l'intégrité de l'âme.

Insigne

Pour certains, l'insigne rouge russe est un symbole de spiritualité révolutionnaire, représentant l'esprit de rébellion, de renouveau et de transformation sociale. Il incarne la conviction profonde que l'humanité est capable de se libérer des structures oppressives et de créer un monde meilleur.

Kremlin

Le Kremlin, emblème du pouvoir politique et spirituel du pays depuis des siècles, exprime sa riche symbolique spirituelle à travers ses couleurs. Les dômes dorés des églises orthodoxes du Kremlin évoquent la présence de Dieu dans le monde terrestre, ainsi que la connexion entre le ciel et la terre.

Lampe magique

La lampe magique, notamment associée à l'histoire d'Aladdin, illustre la capacité à trouver le génie intérieur, c'est-à-dire nos talents et nos ressources cachés. Elle représente également la transformation personnelle et l'évolution spirituelle, permettant de réaliser les désirs et de manifester les rêves.

Lettres russes

Les lettres russes, perçues comme des symboles de sagesse et de connaissance, acquièrent une dimension supplémentaire lorsqu'elles sont écrites sur le sol. Cela reflète alors une quête spirituelle pour acquérir cette sagesse et cette compréhension plus profonde, rappelant que chaque lettre et chaque mot portent une signification et une énergie spécifiques.

Loup blanc

Le loup blanc, associé à l'intuition et à l'instinct, possède une connexion profonde avec la nature et les forces invisibles qui l'entourent. Symboliquement, il guide chacun à faire confiance à ses instincts et à prendre des décisions intuitives, évoquant la sagesse et la guidance spirituelle.

Matriochka

La matriochka représente à la fois la dualité et l'unité. Chaque poupée est unique en son genre, mais elles sont toutes liées les unes aux autres, formant ainsi une union harmonieuse. Cela représente la relation entre l'individu et l'Univers, soulignant que nous sommes tous interconnectés et dépendants les uns des autres.

Œuf décoré

La tradition russe de l'œuf sacré, datant du XIXe siècle, consistait en l'échange d'œufs richement ornés dans les familles royales et nobles russes lors des fêtes de Pâques. Parmi les plus célèbres, on trouve les « œufs de Fabergé », créés par le joaillier russe Carl Fabergé pour les tsars. Ils rappellent la résurrection de Jésus-Christ et sont un symbole de foi, d'amour et d'espoir.

Rubis / bague

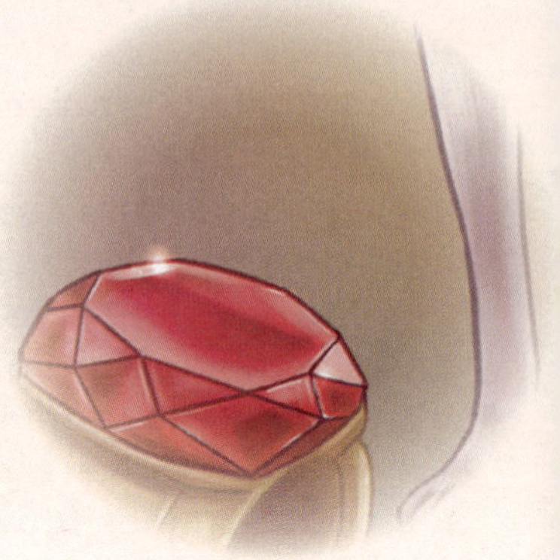

Le rubis est réputé pour stimuler l'énergie vitale et la créativité. Il favorise l'expression de soi, l'inspiration et l'épanouissement personnel. Parfois associé à la spiritualité et à la sagesse, il représente la quête de la vérité intérieure, l'éveil spirituel et l'union avec le divin.

Statue (globe et femmes qui le portent)

Cette statue montre que les femmes prennent soin du monde et supportent ses fardeaux, symbolisant leur force intérieure, leur persévérance et leur résilience face aux défis et aux responsabilités de la vie. La statue représente également le rôle maternel des femmes envers le monde, évoquant la protection, la bienveillance et l'amour que les femmes offrent à l'humanité.

Théâtre de marionnettes ancien

Les histoires jouées dans le théâtre de marionnettes ancien ont souvent une signification spirituelle plus profonde. Elles mettent en scène des luttes entre le bien et le mal, des épreuves et des défis que les personnages doivent surmonter pour atteindre l'illumination ou la transformation spirituelle.

15

SALLE DE BAIN

Baignoire et mousse rose

La baignoire est un espace de purification et de détente où l'on peut se délester du stress et des tensions de la journée. La mousse rose évoque la douceur et la féminité, invitant à la relaxation et à la réconciliation avec soi-même. Une baignoire avec de la mousse rose symbolise donc le besoin de guérison émotionnelle et d'amour envers soi.

Bougie dans une cage

La bougie symbolise la lumière intérieure, la spiritualité ou la divinité. La cage représente les obstacles, les limitations ou les contraintes qui empêchent cette lumière de briller pleinement, comme une situation dans laquelle une personne se sent emprisonnée ou limitée sur le plan spirituel.

Cheveux longs

Les cheveux longs ont une signification spirituelle profonde dans de nombreuses traditions. Ils sont considérés comme une antenne qui favorise la connexion avec les dimensions supérieures et protège l'énergie vitale des influences négatives extérieures. Ils symbolisent ainsi une spiritualité accrue et la préservation de l'énergie spirituelle.

Ciseaux

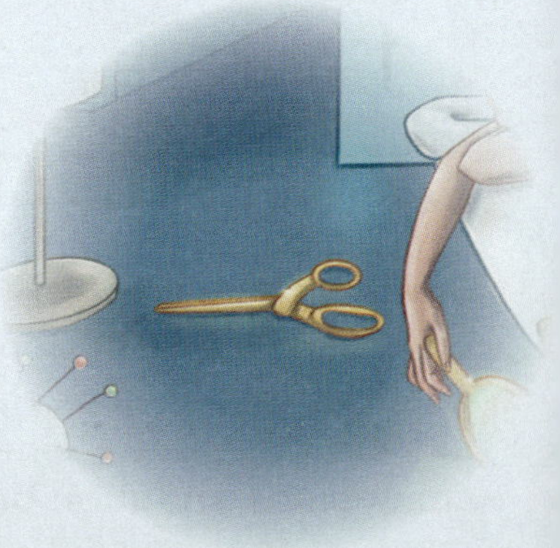

Les ciseaux symbolisent la fin d'une relation, d'une habitude ou d'un attachement, évoquant le pouvoir de couper les liens qui nous retiennent et de nous libérer de ce qui ne nous sert plus spirituellement. Ils sont également liés au processus de transformation et de purification spirituelle.

Constellations

Les constellations sont de puissants supports de méditation, permettant de se relier à l'énergie unique de chacune pour enrichir sa spiritualité. Elles invitent à la contemplation et à la réflexion sur notre position dans l'Univers, offrant une connexion profonde aux mystères de l'existence.

Épingles à couture

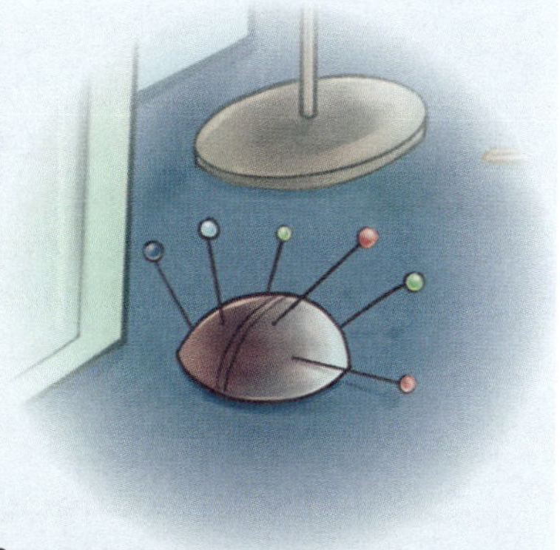

La couture, processus lent et méticuleux, réclame patience et persévérance. Les épingles à couture symbolisent ces qualités essentielles pour atteindre nos objectifs spirituels et surmonter les obstacles. Elles nous rappellent l'importance de l'attention et de la précision dans notre quotidien.

Guirlande lumineuse

La guirlande lumineuse allumée incarne la lumière dans l'obscurité et symbolise l'espoir. Elle nous rappelle que même dans les moments les plus sombres, un renouveau et un meilleur lendemain sont possibles. Sa douce lueur apporte calme, repos et paix intérieure.

Lilith

Lilith est souvent associée à l'idée de liberté, d'indépendance et de rejet des schémas traditionnels. Elle représente la force intérieure et la volonté de suivre son propre chemin, même si cela signifie s'éloigner des normes sociales. Elle incarne la capacité à s'exprimer et à créer de manière authentique, en puisant dans ses aspects uniques et individuels.

Lumière des vitraux

La lumière des vitraux représente l'illumination spirituelle, la connaissance divine et la révélation de la vérité. Elle symbolise aussi la présence d'une force supérieure qui illumine et oriente le chemin. Associée à la transcendance, à l'élévation de l'âme et à l'expérience divine, cette lumière est un puissant marqueur spirituel.

Mannequin et mètre de couture

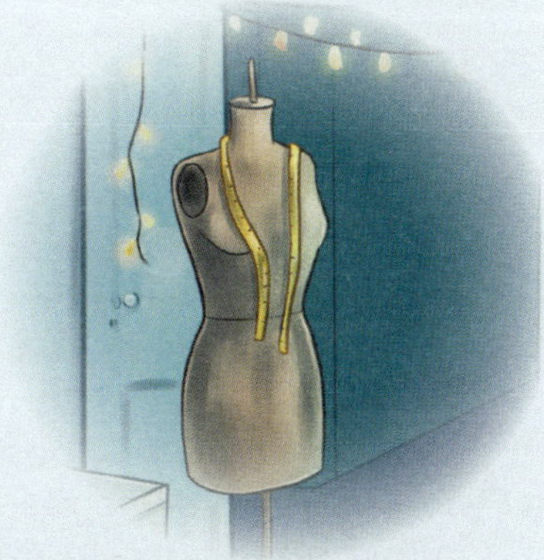

Le mannequin et le mètre de couture symbolisent la créativité, l'expression de soi et la capacité de transformer une idée en réalité. Ils sont le moyen de donner vie à une vision artistique et de matérialiser ses propres pensées et émotions à travers ses créations. Sur le plan spirituel, ils évoquent l'acceptation de soi, la métamorphose personnelle et la connexion avec les autres.

Messager sagittaire

Le Messager sagittaire est réputé pour son aptitude à se diriger instinctivement, y compris à travers des terrains méconnus. Dans un contexte spirituel, cela peut être vu comme une manifestation de guidance divine et de confiance en son intuition. Cet oiseau symbolise la foi en soi et la capacité à écouter sa voix intérieure pour tracer son chemin dans l'existence.

Meuble et lavabo

La symbolique spirituelle d'un meuble et d'un lavabo peut être liée à l'idée de trouver l'équilibre entre les aspects matériels et spirituels de notre vie. Le meuble représente la nécessité de répondre à nos besoins matériels et terrestres, tandis que le lavabo évoque la purification et la recherche de la transcendance spirituelle.

Miroir

Le miroir est souvent vu comme le reflet de l'illusion de la réalité matérielle. Dans certaines traditions spirituelles, il est utilisé pour montrer que la réalité perçue n'est qu'une apparence éphémère, masquant une réalité plus profonde et essentielle.

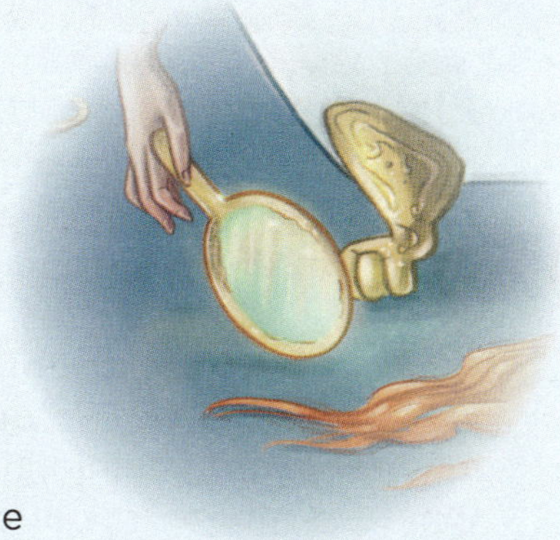

Nuage en néon

Un nuage en néon rose symbolise l'énergie de l'amour inconditionnel et de l'ouverture du cœur. Il représente la capacité de se connecter et d'aimer profondément les autres. Il invite à la douceur intérieure, à embrasser sa féminité et à accepter sa fragilité. Il rappelle l'importance de prendre soin de soi et des autres avec tendresse et compassion.

Plafonnier

La lumière émanant d'un plafonnier symbolise la présence et la guidance divine, rappelant que Dieu ou une force supérieure est toujours là pour nous guider et nous protéger. Elle aide à éclairer notre chemin, à dissiper les ténèbres intérieures et apporte une certaine clarté mentale et émotionnelle.

Plante tombante

Une plante tombante illustre un relâchement ou un abandon. Cela évoque la nécessité de lâcher prise sur des aspects de sa vie qui ne sont plus bénéfiques ou productifs, rappelant la fragilité de la vie et l'importance de prendre soin de ce qui est précieux.

Porte-savon

Le porte-savon symbolise la beauté de la simplicité. Il nous rappelle que les éléments les plus simples peuvent être à la fois beaux et utiles. Dans une perspective spirituelle, cela suggère l'importance de revenir à l'essentiel et de se concentrer sur les aspects fondamentaux de la vie. Le porte-savon peut également être vu comme un symbole de purification spirituelle. S'en servir pour conserver son savon propre évoque le désir de se défaire des impuretés et de se purifier.

Radiateur

Le radiateur incarne chaleur et réconfort spirituels. Il illustre la faculté d'un individu ou d'une force à diffuser chaleur et lumière dans l'existence d'autrui. Le radiateur qui réchauffe l'atmosphère peut représenter la purification de l'esprit et du corps, menant à un état de bien-être spirituel.

Rameau d'or

Le rameau d'or, emblème spirituel, se trouve souvent lié à la mythologie grecque et à la quête d'immortalité. Selon les légendes, un jardin sacré n'était accessible qu'avec ce rameau, clé de la vie éternelle. Dans les pratiques spirituelles, il représente la quête de sagesse, d'harmonie et d'éveil. Il est également symbole de paix, de guérison et de protection.

Règle

Une règle représente l'équilibre entre divers aspects de la vie spirituelle, comme l'équilibre entre action et contemplation, ou entre intériorité et engagement extérieur. Elle symbolise aussi la quête de l'harmonie en soi, avec les autres et avec le divin. Une règle peut également évoquer la volonté de cultiver et de développer de nouvelles habitudes.

Rose et pétales éparpillés

La rose évoque souvent la transformation et la croissance spirituelle. Ses pétales éparpillés représentent le processus de dissolution d'anciennes croyances et une renaissance spirituelle. La rose est également considérée comme un symbole de féminité et de délicatesse.

Sandales

Dans certaines traditions spirituelles, les sandales sont liées à la renonciation et au détachement des biens matériels. Porter des sandales signifie qu'on est prêt à abandonner les attachements superficiels au profit de valeurs plus profondes. Elles renvoient aussi à la marche et au mouvement, métaphores du voyage spirituel. Elles soulignent l'idée d'un cheminement constant vers la vérité et la réalisation personnelle.

Serviettes

Les serviettes de bain sont souvent associées à l'action de se laver et de se purifier. Dans de nombreuses traditions spirituelles, l'eau est considérée comme un élément clé de nettoyage et de renouveau. Ainsi, utiliser une serviette de bain évoque l'intention de se libérer des énergies négatives et de se purifier spirituellement.

Verre de vin renversé

Dans certaines cultures, renverser du vin est un signe de malchance ou un mauvais présage, annonçant un événement négatif à venir ou incitant à la prudence. Mais cela peut être également perçu comme un symbole de renouveau ou de transformation.

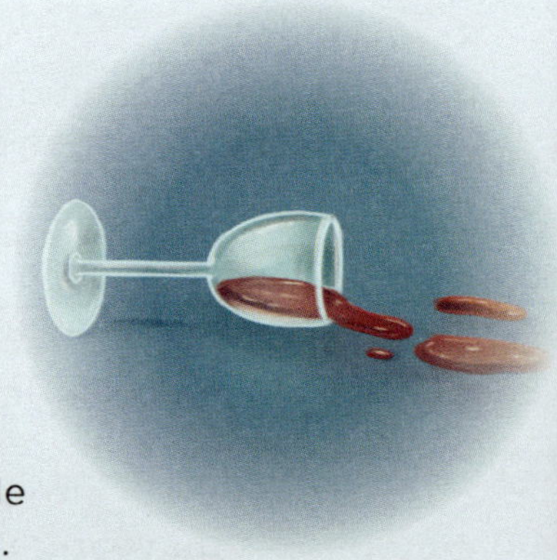

16

TOILE

Arc-en-ciel

L'arc-en-ciel est un signe sacré, symbole de la présence divine ou de la communication entre le ciel et la terre. Il représente également le voyage spirituel et incarne la transformation, le cheminement et la croissance spirituelle vers une meilleure version de soi.

Bois

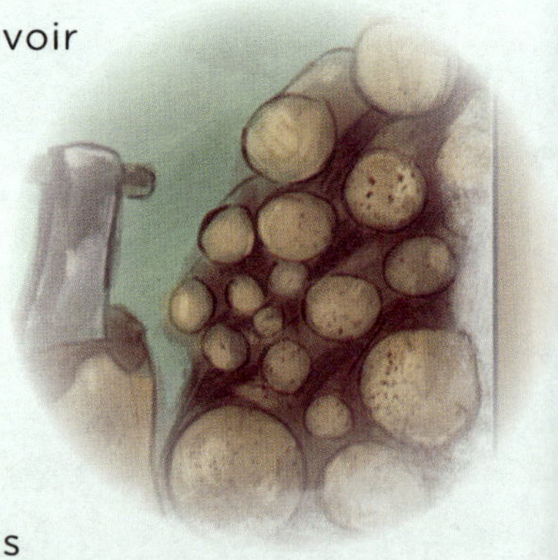

Le bois de chauffage incarne le pouvoir du feu sacré et la transformation spirituelle qu'il engendre. Un amas de bois soigneusement arrangé, prêt à être allumé et à alimenter le feu intérieur, représente les ressources internes, les éléments cachés de notre être et la force vitale qui nous anime. À l'image du feu consumant les bûches, nous sommes invités à embrasser notre propre pouvoir de transformation et à laisser brûler les aspects de nous-mêmes qui ne servent plus notre croissance spirituelle.

Charrette

La charrette indique une phase de transition ou de changement, signifiant qu'il est temps de se tourner vers d'autres perspectives et d'explorer de nouveaux horizons. Elle invite à prendre des risques et à ne pas craindre le changement. Elle évoque aussi l'idée de supporter un fardeau émotionnel ou de traverser des épreuves difficiles, rappelant que chaque défi est une opportunité de croissance, d'apprentissage et de renforcement spirituel.

Chaumière au toit de chaume

Cette représentation de la chaumière nous invite à trouver refuge et réconfort en nous-mêmes, à cultiver notre intériorité et à nous connecter à la dimension spirituelle de notre être. Elle nous appelle à créer un espace sacré dans notre vie, où nous pouvons retrouver la paix, la joie et l'amour infini qui réside en nous.

Craie

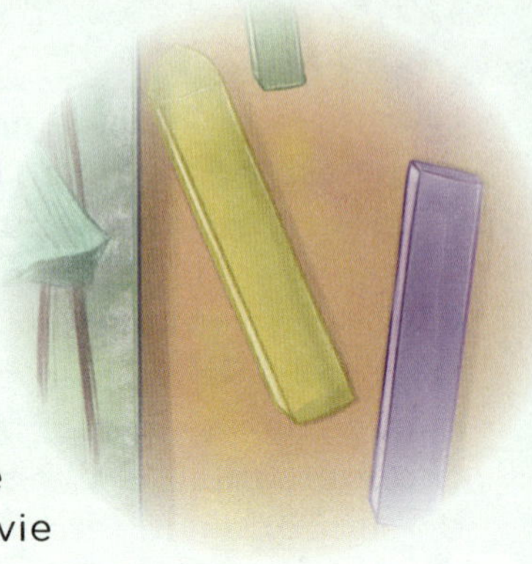

L'apparition de la craie suggère qu'il est temps de libérer votre esprit et de vous exprimer librement. Utilisez votre créativité pour résoudre des problèmes, partager vos émotions et explorer de nouvelles idées. Vous avez le pouvoir de transformer votre réalité en peignant la toile de votre vie avec des couleurs vives et audacieuses.

Crayon

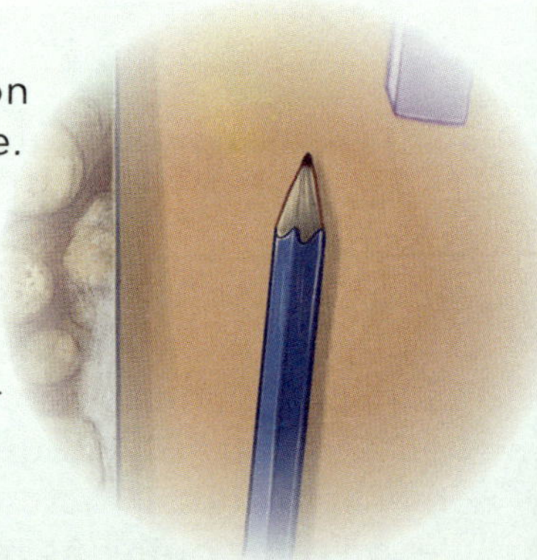

Le crayon est l'instrument de création et d'expression de soi par excellence. Il représente la capacité de concrétiser des idées abstraites en réalité tangible. Son message est clair : il est temps de laisser libre cours à votre créativité et d'explorer les vastes possibilités devant vous. Il symbolise une connexion profonde avec votre moi et vous encourage à écouter votre voix intérieure, tout en puisant votre inspiration dans votre environnement.

Cygne

Le cygne nous enseigne la magie de la transformation intérieure. Tout comme le cygne se métamorphose pour révéler sa beauté, nous sommes appelés à nous défaire de nos schémas limitants et de nos croyances négatives. En embrassant notre potentiel divin, nous pouvons nous élever au-dessus de nos conditionnements et nous ouvrir à une nouvelle réalité remplie d'amour et de lumière.

Dessin inachevé

L'inachèvement du dessin symbolise le processus continu de création spirituelle. Il rappelle que nous sommes en constante évolution et que notre chemin spirituel est un travail en cours. Ce caractère inachevé encourage à accepter l'incertitude et à suivre notre intuition, reconnaissant que chaque étape de notre parcours est essentielle et porteuse de sens.

Feuilles blanches

Les feuilles blanches représentent la puissance de l'intention et de la manifestation, nous encourageant à écrire notre propre histoire et à créer notre réalité. Elles nous rappellent que nous sommes les architectes de notre vie et que nous avons le pouvoir de transformer nos rêves en réalité, simplement en écrivant le premier mot sur cette page blanche.

Fillette

La Fillette de l'Innocence représente la candeur, la fraicheur et l'authenticité de l'âme. Comme une fleur qui s'épanouit sans se soucier du monde extérieur, cette jeune fille symbolise le potentiel illimité et la pureté spirituelle qui résident en chacun de nous. Elle nous invite à redécouvrir la joie simple de la vie, à cultiver notre créativité et à embrasser notre innocence.

Gomme

Comme un instrument du divin, la gomme agit selon les principes universels d'équilibre et d'harmonie. Elle nous rappelle que tout ce qui n'est plus utile à notre évolution spirituelle peut être effacé et remplacé par des expériences plus alignées avec notre essence véritable. Elle offre une nouvelle chance, une seconde naissance, où chacun peut recommencer sur une toile immaculée.

Hache

La hache représente la nécessité de rompre avec le passé, les schémas de pensée limitants et les attachements émotionnels qui entravent notre progression spirituelle. Elle nous invite à faire preuve d'un courage intrépide et à trancher à travers les illusions de l'ego, afin de nous libérer des aspects sombres de nous-mêmes.

Lampe de bureau

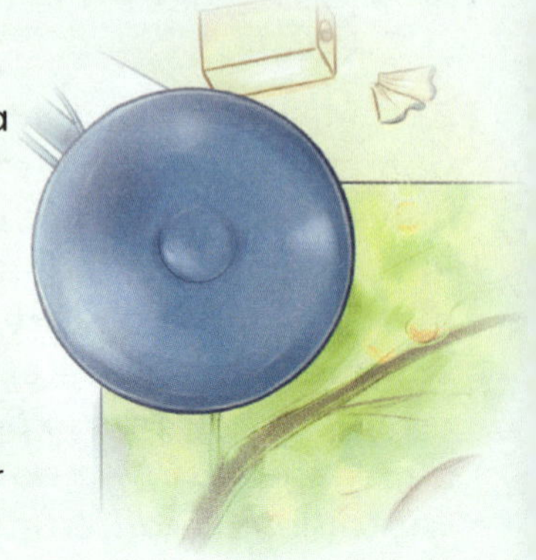

La lampe de bureau est un appel à la contemplation et à l'introspection. Elle stimule la quête de réponses en soi, l'usage de l'esprit critique et la résolution des problèmes rencontrés. Elle symbolise aussi le besoin d'être éclairé et de diffuser sa lumière autour de soi, de partager ses connaissances et d'inspirer ceux qui se trouvent dans l'obscurité.

Linge qui sèche

Vous êtes invité·e à faire preuve de patience et de confiance, car le processus de séchage peut prendre du temps. Il suggère également que vous pouvez ressentir une certaine vulnérabilité ou une instabilité pendant cette période de transition. Cependant, sachez que l'énergie universelle travaille en votre faveur et vous conduit vers un nouvel équilibre et une clarté profonde.

Peinture

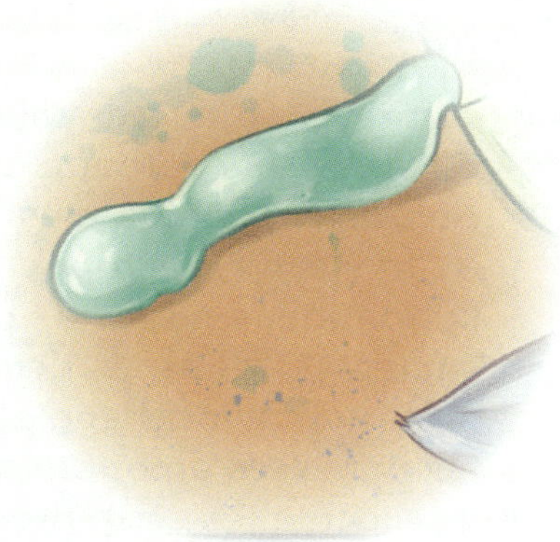

Le tube de peinture symbolise la transformation intérieure. En utilisant les couleurs sur la toile, vous modifiez progressivement votre énergie et votre état d'esprit. De la même manière que la peinture anime une image sur une toile, vous avez le pouvoir de créer et de transformer votre réalité par vos intentions et votre imagination.

Pinceau

Le pinceau représente la transcendance spirituelle, offrant la perspective d'une renaissance créative et d'une connexion profonde avec les royaumes supérieurs. Comme les poils doux et soyeux caressant la toile, ce pinceau, doté d'une puissance mystérieuse, touche l'âme de ceux qui le manient, éveillant des inspirations divines et des guérisons spirituelles.

Pommier

La présence du pommier incite à cultiver la gratitude et à apprécier les multiples bienfaits de la vie. Il nous rappelle que l'abondance ne réside pas seulement dans les richesses matérielles, mais englobe également les richesses émotionnelles, intellectuelles et spirituelles. Il nous encourage à nous épanouir pleinement en explorant de nouveaux horizons et en nous connectant à notre essence spirituelle profonde.

Poussins

Les poussins nous invitent à être curieux et ouverts aux différentes opportunités qui se présentent à nous. À l'image de leur regard vif, restons attentifs aux signes et aux synchronicités qui se manifestent sur notre chemin. Ils nous rappellent que chaque expérience, même la plus insignifiante, peut être source de connaissance et de sagesse.

Rayons du soleil

Les rayons solaires symbolisent la présence et l'influence bienveillante des forces supérieures et de l'univers spirituel dans notre vie, offrant guidance, protection spirituelle, énergie positive, clarté, confiance et guérison. Quand ce signe se manifeste, il signifie que la guidance et la protection spirituelles sont accessibles.

Sac de grains

Le sac de grains incarne une richesse tant spirituelle que matérielle qui attend celui qui le découvre. Les grains représentent les bénédictions, les opportunités et les richesses prêtes à être semées et récoltées dans la vie du consultant. Ce sac est un signe de fertilité et de générosité céleste, où chaque grain représente une parcelle de sagesse et de connaissance destinées à être révélées.

Scarabée

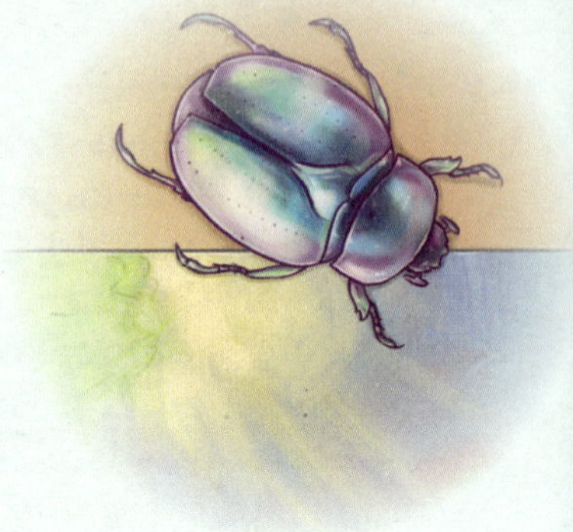

Symbole de transformation et de renaissance, le scarabée nous incite à accueillir les changements qui se présentent à nous. Il nous rappelle que chaque fin est également un commencement, que chaque obstacle peut devenir une opportunité de grandir et de se transformer. Il nous invite à cultiver notre énergie solaire et à rayonner d'une lumière qui éclaire notre chemin et celui des autres.

Taille-crayon

Le taille-crayon symbolise notre capacité à nous améliorer, à nous perfectionner et à nous adapter aux défis de la vie. Comme le crayon qui s'émousse avec l'usage, nous éprouvons parfois désillusion, lassitude ou découragement. Pourtant, le taille-crayon nous rappelle que ces moments sont des occasions de renouvellement et de croissance.

Verre d'eau

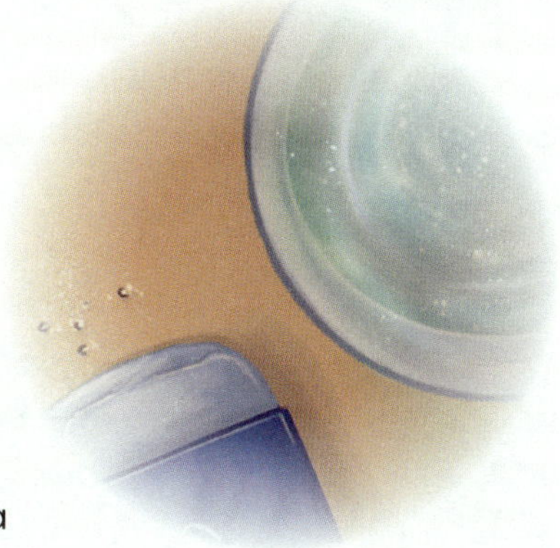

Le verre d'eau représente la Source éternelle, celle de la pureté, de la vie et de la régénération. Il est le symbole même de l'élément vital qui nourrit notre corps, notre esprit et notre âme. L'eau cristalline évoque la fluidité et la flexibilité, nous encourageant à nous adapter aux changements et à nous laisser guider par le flux de la vie.

17

TROPICAL

Boa

Le boa incarne la protection spirituelle et la guidance, nous encourageant à faire confiance à notre intuition et à chercher notre sagesse intérieure pour progresser spirituellement. Sa puissance symbolise également la force créative et la capacité à surmonter les défis. Il souligne l'importance de reconnaitre notre propre pouvoir et notre capacité à créer notre réalité.

Bouton

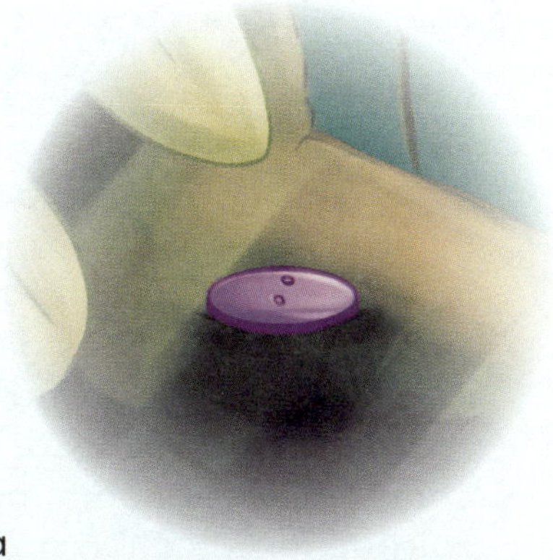

Par sa petite taille, le bouton nous rappelle l'importance des détails dans notre vie spirituelle. Il nous invite à être attentifs aux signes subtils de l'Univers et à prêter attention aux synchronicités. Il nous encourage à vivre pleinement le moment présent, en appréciant la beauté et la magie de chaque expérience.

Cascades

Les cascades incarnent parfaitement la fluidité de l'eau qui s'écoule sans effort. Elles symbolisent la nécessité de se laisser aller, de lâcher prise et de suivre le cours de la vie. Cela implique d'abandonner les résistances, de faire confiance au processus de la vie et de permettre aux événements de se dérouler naturellement.

Colibri

Malgré sa petite taille, le colibri est un infatigable voyageur. Symbole de persévérance, il nous incite à poursuivre notre quête spirituelle malgré les défis qui nous semblent insurmontables. N'abandonnez pas, car chaque pas compte sur le chemin de l'évolution spirituelle. Le colibri nous enseigne la légèreté et la joie dans notre cheminement.

Coupe en or

Telle une coupe sacrée, l'or représente la lumière divine, la sagesse et la transcendance. Il symbolise la connexion avec le divin, la connaissance suprême et la transformation spirituelle. La coupe en or évoque donc le don divin d'une sagesse profonde qui peut être déversée dans nos vies si nous nous ouvrons à sa présence bienveillante.

Damier

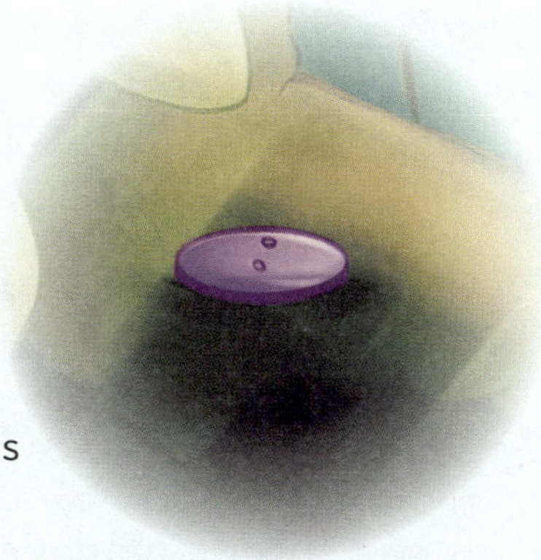

Chaque case du damier est une étape de notre parcours spirituel. En progressant sur ce plateau, nous entamons un voyage initiatique, une quête intérieure. Les cases noires symbolisent les obstacles et les épreuves nécessaires à notre évolution, tandis que les cases blanches illustrent les instants de paix, de joie et de sérénité accessibles.

Eau bleue

L'eau bleue symbolise la communication, incitant à l'expression claire et bienveillante de nos pensées et émotions. Elle favorise le développement de nos compétences en communication, contribuant à des relations plus harmonieuses avec les autres. Elle est une source inépuisable de ressourcement.

Feuille exotique

Une feuille exotique symbolise l'abondance, reflétant la richesse spirituelle et matérielle accessible en cultivant et honorant notre connexion avec le divin. Elle rappelle l'abondance présente dans l'Univers et notre capacité à l'attirer grâce à notre pratique spirituelle.

Flèche

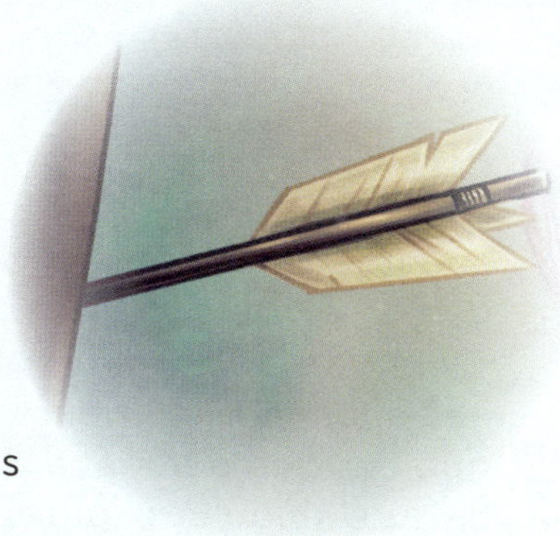

La flèche, messagère céleste, incarne une guidance divine, nous encourageant à écouter notre instinct et notre intuition. Avec sa trajectoire rapide et précise, elle incarne la vérité qui touche notre cœur instantanément, dissipant les doutes et les peurs qui entravent notre chemin spirituel. Elle nous rappelle également l'importance de progresser résolument, incarnant courage et détermination.

Fleur rose

Une fleur rose symbolise la pureté et la perfection de l'âme, indiquant que nous sommes sur la bonne voie et prêts à accueillir les leçons de la vie. Elle nous encourage à pratiquer la méditation et à nous connecter aux dimensions supérieures, afin de recevoir des messages divins.

Fleur tropicale

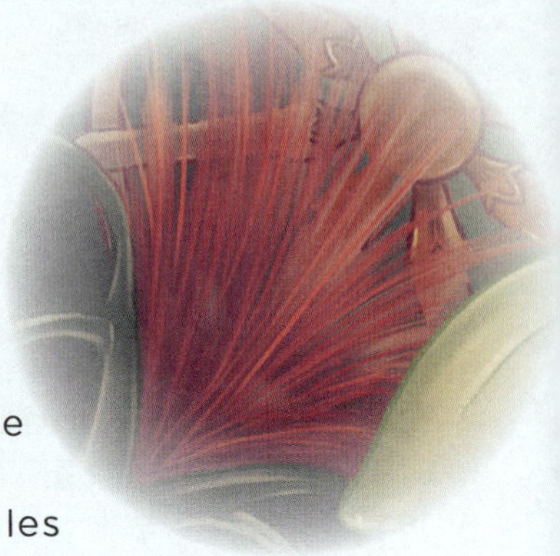

La fleur tropicale symbolise la splendeur et l'énergie vibrante de l'âme, nous incitant à célébrer notre véritable nature et à diffuser notre lumière intérieure. Elle souligne que chaque personne détient une beauté singulière, aussi unique que les innombrables variétés de fleurs tropicales.

Khamsa

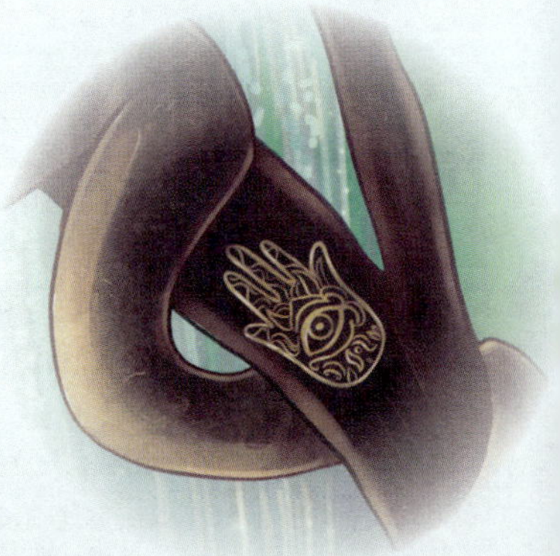

La khamsa, main de Fatima ou main de la Providence, est un symbole puissant de la présence de la divinité. Elle incarne la protection et la bénédiction des forces supérieures qui veillent sur nous. Vous pouvez être rassuré·e : vous êtes soutenu·e et guidé·e par des énergies bienveillantes. La khamsa représente également l'harmonie et l'équilibre entre le corps, l'esprit et l'âme.

Koala

Le koala, symbole de sagesse, incarne l'harmonie intérieure et la paix de l'âme. Il nous invite à laisser les inquiétudes et l'agitation du monde extérieur s'apaiser. Méditez, accordez-vous du temps et créez un espace paisible pour vous ressourcer. L'harmonie se trouve dans notre capacité à maintenir la sérénité, même en pleine tourmente.

Lianes et fleurs rouges

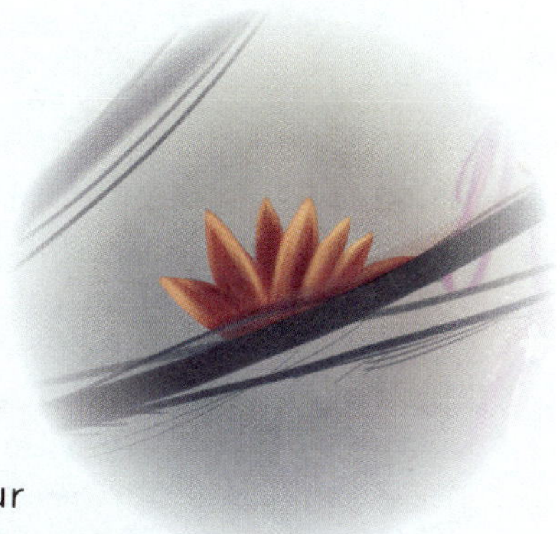

Les lianes et les fleurs rouges, dans leur essence spirituelle, sont le reflet de la passion ardente et de la vitalité intérieure. Elles représentent cette énergie bouillonnante en nous, nous invitant à embrasser pleinement notre force vitale. Les lianes, par leur aptitude à s'accrocher et à naviguer à travers les obstacles, symbolisent notre flexibilité et notre adaptation à toutes les situations.

Libellule

La libellule nous éclaire avec douceur et sagesse. Elle nous encourage à embrasser notre liberté, à nous transformer, à suivre notre intuition, à cultiver la transparence, à rechercher l'harmonie et à trouver la clarté mentale. Avec elle pour nous guider, nous pouvons développer notre spiritualité et vivre une vie épanouissante et significative.

Merkaba

La Merkaba est un outil de guérison et d'harmonisation qui vous invite à embrasser votre véritable essence et à activer votre potentiel spirituel. Elle symbolise la connexion entre les dimensions supérieures et la Terre, qui vous permet d'atteindre une conscience plus élevée et de relier votre être physique à votre essence spirituelle.

Monts dans la brume

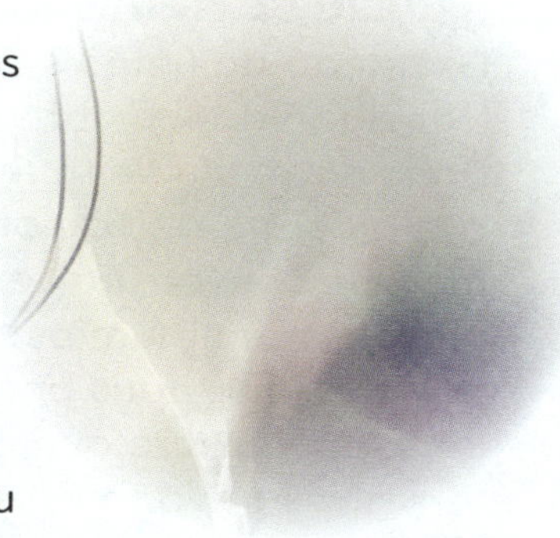

Ce n'est qu'en explorant les territoires inconnus que vous pourrez faire des découvertes significatives sur vous-même et sur le monde qui vous entoure. Faites preuve de curiosité et d'ouverture d'esprit, embrassez les défis intellectuels et spirituels qui se présentent à vous. La sagesse et la connaissance vous attendent au sommet de ces montagnes mystérieuses.

Plante

La plante verte symbolise la prospérité et l'abondance. Se nourrissant de la lumière du soleil, de l'eau et des nutriments du sol, elle illustre l'importance de cultiver notre lumière intérieure, nos aspirations et nos talents. Elle nous rappelle que nous disposons de tous les éléments nécessaires pour prospérer et réussir dans la vie.

Rideau de fleurs

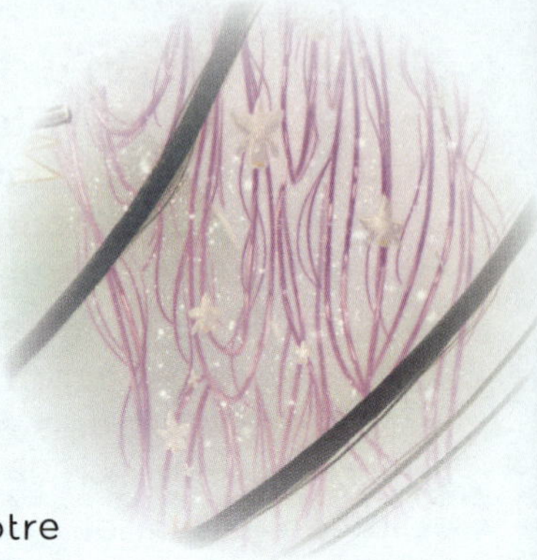

Le rideau de fleurs symbolise une transition douce et harmonieuse dans notre vie spirituelle. Tel un portail entre deux mondes, il marque l'ouverture vers une réalité plus élevée et lumineuse. En le franchissant, nous pénétrons dans un espace sacré où les limitations terrestres s'évanouissent, révélant notre véritable moi spirituel, débarrassé des fardeaux et des illusions qui nous empêchent de briller.

Rideau de fleurs bleues

Le rideau de fleurs bleues symbolise la douceur et la sérénité spirituelle. Tel un portail vers l'invisible, il invite à faire une pause dans notre monde matériel pour plonger au cœur de notre essence profonde. Les fleurs bleues évoquent une connexion intime avec notre être intérieur et la spiritualité universelle, nous incitant à nous recentrer, à cultiver la paix intérieure et à trouver l'harmonie.

Roue du Dharma

La roue du Dharma symbolise le processus d'éveil spirituel. Partant du centre vers les rayons de sagesse et transcendant les limites des sections externes, on se rapproche de l'illumination. Cette image vous incite à la quête spirituelle et à l'engagement dans l'exploration du divin en vous et dans le monde.

Symbole du taureau

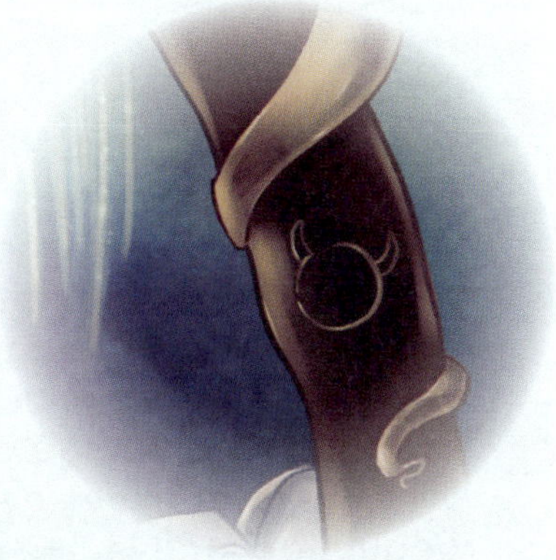

Le symbole du taureau est associé à une énergie primordiale et instinctive. Il nous incite à revenir à nos racines, à nous connecter à nos instincts les plus profonds et à trouver notre voie authentique. Comme l'animal, nous sommes appelés à être ancrés dans le moment présent, à nous fier à notre intuition et à suivre notre voix intérieure.

Tigre

La présence du tigre dans votre vie indique que vous avez la capacité de surmonter les défis. Tout comme le tigre chasse sa proie avec détermination, vous êtes incité·e à poursuivre vos objectifs avec persévérance et confiance en vous. Il est le messager de la force intérieure qui sommeille en vous.

Toucan

Le toucan apparait comme une lueur d'émerveillement dans un monde souvent trop morne, nous rappelant que la vie est un spectacle chatoyant, à savourer et à apprécier en tout instant. Son plumage aux couleurs vives et contrastées évoque la beauté de la diversité et l'importance de laisser briller notre singularité.

Yoyo

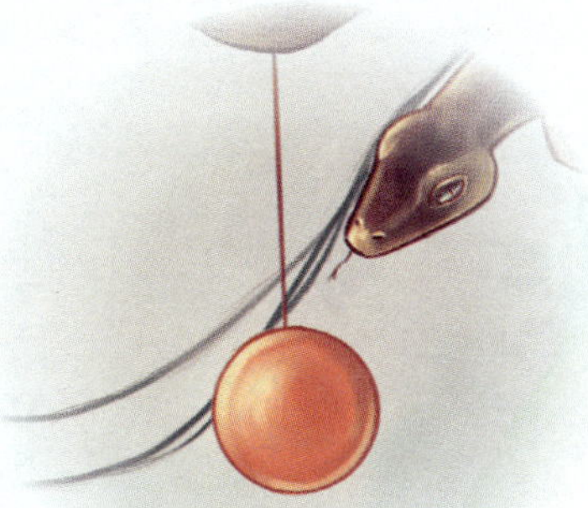

Le yoyo nous enseigne à vivre dans le moment présent, en pleine conscience de chaque minute. Son mouvement perpétuel est une métaphore de la fluidité du temps, nous incitant à savourer chaque instant puisque rien n'est permanent. Il nous rappelle que le bonheur et la plénitude se trouvent dans l'ici et maintenant, soulignant l'importance de rester connectés à notre être intérieur sur notre chemin spirituel.

18

VILLAGE

Affiche de fête au village

Cette affiche représente la fête du village, un moment de rassemblement spirituel pour célébrer la vie, l'amitié et la création. Elle invite les villageois à se connecter à leur essence profonde, à exprimer leur joie et à embrasser l'inattendu avec audace. C'est un appel à l'union, à la créativité et à la découverte de nouvelles dimensions de l'existence.

Applique

L'applique nous rappelle que nous sommes cocréateurs de notre réalité, suggérant que nos actions et pensées peuvent enrichir notre vie et notre entourage de lumière et d'harmonie. Elle nous invite à cultiver la bienveillance, la compassion et l'amour inconditionnel envers nous-mêmes et les autres.

Boite aux lettres

La boite aux lettres nous invite à développer notre capacité à établir des connexions profondes avec les autres et avec nous-mêmes. En déposant une lettre, nous faisons le choix de partager notre vérité, nos émotions et nos pensées avec autrui. Ainsi, la boite aux lettres est la messagère des mots de notre âme, nous incitant à les exprimer avec authenticité et bienveillance.

Église et clocher

L'église, symbole de foi et de communion, reflète les aspirations divines des hommes, étendant leurs prières vers les cieux. Le clocher, fière sentinelle dressée vers l'infini, est le gardien du temps sacré. On lui confère une dimension symbolique, à la manière d'un oracle mystique, éclairant les âmes perdues dans leur quête de sens.

Fille assise

La position assise évoque l'attente et encourage à la patience. Elle suggère d'aborder les situations avec sérénité, évitant la précipitation. L'oracle nous guide à faire confiance au processus naturel des choses, soulignant que tout se déroulera en temps voulu.

Lézard

Le lézard, avec son aptitude à se camoufler et à se fondre dans son environnement, nous incite à cultiver notre adaptabilité. Il nous encourage à être prêts à changer de direction rapidement et à nous ajuster aux circonstances changeantes. La flexibilité et la capacité de transformation sont des atouts cruciaux pour réussir dans notre parcours spirituel.

Maison

La maison en pierre symbolise la solidité et la stabilité, incitant à établir des fondations robustes dans tous les domaines de la vie, qu'il s'agisse de relations, de carrière ou de développement personnel. Elle rappelle l'importance de la force intérieure et de la résilience pour surmonter les défis de la vie.

Menu

Le menu représente la liberté de choisir et le pouvoir de décider de notre destin. Il souligne notre responsabilité dans nos choix et notre capacité à créer notre expérience de vie. Il nous rappelle également de reconnaitre et d'apprécier toutes les opportunités que la vie nous offre.

Montagnes

Avec leurs sommets élevés touchant les cieux étoilés, les montagnes symbolisent la force intérieure et la sérénité. Elles relient notre âme à l'infini, à l'éternité. Leur invitation à escalader leurs pentes escarpées représente notre ascension spirituelle, chaque pas marqué par courage et détermination nous rapprochant davantage de la révélation.

Moutons

Les moutons évoquent l'idée du troupeau, de la communauté. Ils nous rappellent que nous sommes tous connectés les uns aux autres, que nous faisons partie d'un tout. Ils nous invitent à cultiver l'amour, la compassion et l'empathie envers ceux qui nous entourent, car, ensemble, nous pouvons créer un monde meilleur.

Pancarte de restaurant

Une pancarte de restaurant évoque la recherche de nouvelles expériences sensorielles. Elle incite les individus à découvrir de nouvelles saveurs, textures et de nouveaux plaisirs culinaires. Cela peut être considéré comme une invitation à élargir ses horizons, à embrasser la diversité et à explorer les différentes facettes de la vie.

Panneau auberge

Sous l'influence de l'auberge, vous êtes invité·e à sortir de votre routine et à vous offrir un moment de détente. Écoutez les murmures de votre âme et accordez-lui l'espace nécessaire pour s'épanouir. Songez à prendre un peu de recul sur les défis que vous rencontrez et à vous nourrir d'amitié, d'amour et de bienveillance. Souvenez-vous que vous pouvez toujours vous réfugier dans votre auberge intérieure pour vous ressourcer et retrouver l'équilibre.

Pot avec arbuste

Le pot avec un arbuste rappelle que notre croissance spirituelle nécessite du temps, de la patience et de l'entretien régulier. Il nous invite à prendre soin de notre âme, à nourrir nos aspirations, nos passions et nos rêves. Il nous encourage à nous connecter à notre force vitale, à nous enraciner dans notre essence profonde, afin de nous épanouir pleinement.

Ruines

Les ruines sont des portails vers le passé, des fenêtres vers l'histoire et la sagesse ancienne. Elles contiennent les énergies des peuples et des cultures qui les ont habitées autrefois, nous reliant ainsi à nos racines et à notre héritage spirituel. Cette symbolique nous invite à explorer notre passé, à chercher la sagesse des anciens et à tirer des leçons de leurs expériences pour orienter notre propre chemin spirituel.

Scooter

Le scooter représente la recherche de la légèreté de l'être. Il nous enseigne à laisser derrière nous les fardeaux émotionnels et à embrasser une attitude plus détachée et joyeuse. Tel un messager astral qui illumine notre chemin, il rappelle que la vie est un jeu et que vous êtes ici pour apprécier chaque instant de cette aventure éphémère.

Sol pavé

Marcher sur un sol pavé symbolise notre parcours à travers défis et obstacles. Certains pavés sont lisses et faciles à franchir, tandis que d'autres sont rugueux et compliqués. Ces difficultés nous permettent de grandir et de nous transformer, en gagnant en sagesse et en connaissance de soi.

Tables et chaises

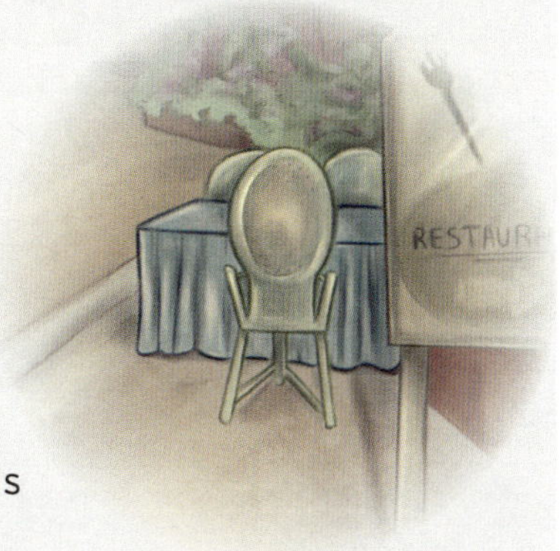

Tables et chaises nous encouragent à nous entourer de personnes qui nous soutiennent et nous inspirent, à participer à des conversations qui nous font grandir et à créer des espaces de communion et d'ouverture. Elles nous incitent à nous connecter à notre essence profonde et à cultiver des relations nourrissantes qui favorisent notre épanouissement spirituel.

19
VILLE

Affiche d'araignée *Les Tisseuses*

Dans certaines cultures, l'araignée est associée à la destinée et au fil de la vie. Cette affiche peut donc être considérée comme un rappel que chaque personne a son propre chemin à suivre, tissé avec intention et soin. L'araignée est une représentation de notre capacité à réguler et à modeler notre destin.

Croissant et boulangerie

La boulangerie représente avant tout la transformation et la création au niveau spirituel. Tout comme le boulanger mélange différents ingrédients pour créer du pain, la boulangerie symbolise notre capacité à fusionner les différentes facettes de notre être pour nous transformer et nous élever spirituellement.

Échelle de secours

L'échelle de secours symbolise la possible résolution de problèmes et l'accès à des niveaux de conscience supérieurs. Elle représente la voie vers un nouveau départ, une occasion de réévaluer vos objectifs spirituels et de vous reconnecter à votre essence profonde, incarnant l'espoir et l'opportunité.

Enseigne d'opticien

L'enseigne de l'opticien symbolise la quête de la vision élevée. Elle invite à transcender les limites de notre regard physique pour explorer les horizons spirituels. En s'immergeant dans l'Univers des couleurs et des formes, nous apprenons à voir au-delà du matériel, ouvrant ainsi notre vision intérieure à de nouvelles perspectives.

Enseigne de milkshake

Le milkshake est synonyme de gourmandise et d'indulgence. Il pourrait indiquer qu'il est temps de nous permettre de nous faire plaisir et de nous offrir des moments de douceur et de réconfort. Il est essentiel de s'accorder des pauses dans notre quête spirituelle et de se laisser aller à des expériences sensorielles gratifiantes.

Enseigne de pharmacie

Cette enseigne de pharmacie porte un message d'espoir et de réparation, incarnant la capacité de l'Univers à nous offrir les remèdes dont nous avons besoin pour guérir. Elle nous rappelle que la nature est une puissante alliée, nous soutenant dans notre processus de guérison. Elle encourage également à prendre soin de soi, à écouter les besoins de notre corps et de notre esprit.

Enseigne de salon de coiffure

L'enseigne d'un salon de coiffure symbolise l'art de la transformation et de la revitalisation, évoquant le renouveau, la métamorphose et la capacité de se réinventer. La chevelure, reflet de féminité et de beauté, est également le miroir de notre identité et de notre individualité, révélant notre personnalité, nos émotions et aspirations.

Femme au parapluie

La femme tenant un parapluie en pleine nuit symbolise la force tranquille et la protection dans l'obscurité. Elle incarne la sagesse et la prudence, offrant guidance et clarté à ceux qui naviguent dans un environnement incertain. Elle nous rappelle aussi que nous avons tous un instinct protecteur en nous, une capacité à nous diriger et à accompagner les autres dans les moments sombres.

Fil électrique

Le fil électrique représente le flux constant d'énergie créatrice qui imprègne chaque aspect de notre existence. Il nous rappelle que notre intention et nos actions influencent le monde qui nous entoure. Cette symbolique nous encourage à utiliser notre pouvoir intérieur pour manifester des changements positifs dans notre vie et dans la société.

Flèche lumineuse et lignes de métro 6, 9, 12

La flèche lumineuse avec des numéros symbolise la guidance divine, la présence et l'influence des forces supérieures dans nos vies. Les numéros sont des messages spécifiques provenant de l'Univers, de Dieu ou de votre moi supérieur, qui vous indiquent la voie à suivre et vous dictent les prochaines étapes de votre parcours spirituel.

Graffiti

Le graffiti est porteur du message que chaque personne a le potentiel de se réinventer, de transcender les limitations de son ego et de s'épanouir dans sa véritable essence. Il annonce un renouveau profond, une période de transition où l'individu est appelé à se libérer des schémas répétitifs et à embrasser une nouvelle vision de sa vie.

Horloge

L'horloge nous enseigne que chaque instant est une invitation à prendre conscience de notre connexion aux autres et à l'Univers. Elle nous rappelle notre appartenance à un grand Tout, soulignant l'impact de nos actions et de nos choix bien au-delà de notre existence, et notre responsabilité en tant qu'êtres spirituels de contribuer à l'harmonie et à l'équilibre universel.

Interrupteur

L'interrupteur est un signe de réveil spirituel imminent. Il indique que vous êtes prêt·e à passer d'un état de somnolence à un état de pleine conscience. Soyez ouvert·e à recevoir la guidance divine et à vous connecter avec votre sagesse intérieure. Quand vous tirez cette carte, c'est que vous avez le pouvoir sacré de changer votre vie.

Lampadaire allumé

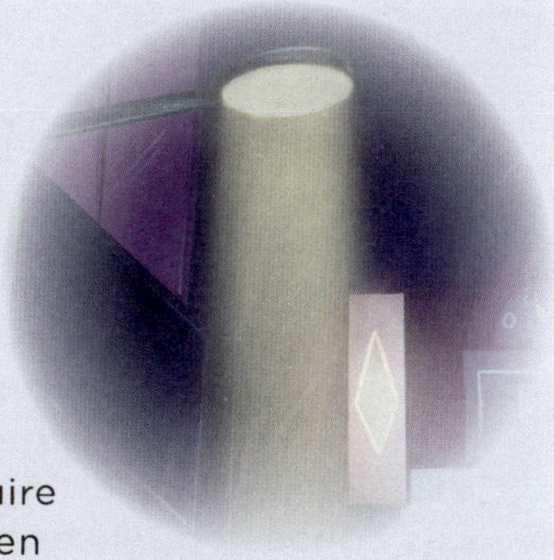

Ce lampadaire représente l'éveil de notre conscience et la connexion avec notre essence divine. Il est le reflet de notre propre lumière intérieure qui brille intensément, éclairant notre chemin dans l'obscurité de l'ignorance et de l'illusion. En s'illuminant, le lampadaire nous rappelle de chercher la vérité en nous et de rester fidèles à nous-mêmes.

Magasin de chaussures

Les chaussures symbolisent notre capacité à nous adapter aux différents terrains que nous rencontrons dans notre vie spirituelle. Elles nous encouragent à embrasser nos défis et à les surmonter avec souplesse et grâce. Choisir les chaussures qui nous correspondent nous permet de nous détacher des limitations passées, d'explorer de nouveaux horizons et de vivre pleinement notre essence spirituelle.

Passage piétons

Le blanc immaculé du passage piétons symbolise la pureté et l'innocence de notre être intérieur. Il nous rappelle de rester fidèles à nous-mêmes, de préserver notre intégrité et de résister aux distractions et aux tentations extérieures. Les bandes parallèles du passage évoquent l'équilibre et l'harmonie que nous devons maintenir dans notre vie.

Pigeon et tourterelle

Si vous faites face à des défis ou à des difficultés, le pigeon vous apporte un message d'espoir et de persévérance. Il vous rappelle que même les situations les plus sombres peuvent être surmontées avec foi et détermination. Ne laissez pas le découragement vous envahir, car le pigeon vous guide vers la lumière et la victoire.

Plaque numéro 22

Le moment est venu d'entreprendre un voyage spirituel important. Cette plaque vous incite à vous poser des questions essentielles sur le sens de votre existence, à remettre en question vos croyances et à explorer de nouvelles perspectives. Elle vous encourage à embrasser les défis que vous rencontrez sur votre chemin, car ce sont eux qui vous permettront de grandir et d'évoluer.

Sens interdit

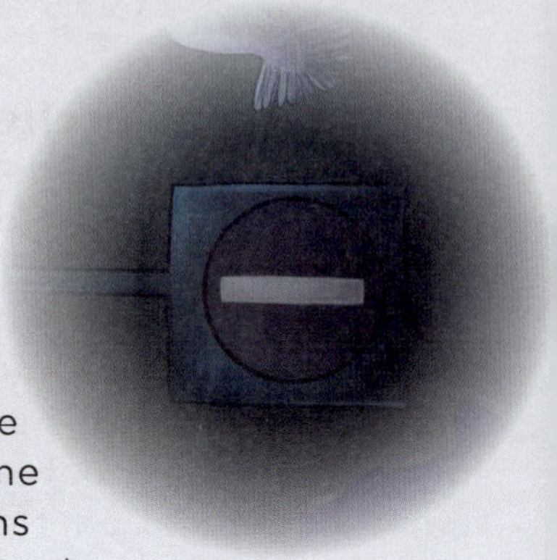

Le sens interdit nous permet de prendre conscience des barrières que nous avons créées par peur, par habitude ou à cause de croyances limitantes. Il nous rappelle qu'il est temps de sortir de notre zone de confort et de briser ces limitations pour avancer sur notre chemin spirituel.

Voiture aux phares allumés

Cette voiture avec les phares allumés invite à prêter attention à notre propre chemin spirituel. Elle nous rappelle de rester éclairés et lucides dans notre quête de croissance personnelle et d'illumination. Les phares allumés représentent également la capacité à éclairer et à guider les autres sur leur propre chemin.

20

VILLE DU FUTUR

Alvéoles végétales

Ces alvéoles végétales sont le reflet de l'évolution de la conscience collective. Elles expriment l'émergence d'une nouvelle façon de vivre, où l'homme reconnait son interdépendance avec la nature et prend conscience de sa responsabilité envers elle. Elles incarnent la transition d'une société matérialiste et individualiste à une société holistique et solidaire.

Avion baleine

La vision de ces avions en forme de baleines dans le ciel inspire un sentiment de liberté et d'évasion. Ils nous rappellent la capacité de transcender les limites physiques pour atteindre des altitudes plus élevées. Ils symbolisent l'élévation spirituelle, encourageant chacun à explorer ses horizons intérieurs.

Cascade

La cascade d'eau dans cette ville du futur est un rappel constant de la connectivité entre l'homme et la nature, un lien indissoluble qui transcende les limites matérielles. Elle invite à cultiver le respect envers la nature et à honorer l'équilibre fragile de l'écosystème. Elle souligne l'importance de la coopération et de l'harmonie entre l'humanité et son environnement pour préserver l'équilibre écologique et spirituel de la cité.

Cône transparent « lune »

Cette combinaison de la lune dans un cône transparent évoque une période de transformation spirituelle. C'est un appel à regarder au-delà de la surface des choses, à embrasser notre véritable nature et à explorer les différentes facettes de notre être. La ville du futur symbolise un temps où la spiritualité et la technologie avancée coexistent harmonieusement, permettant ainsi l'éveil de la conscience collective.

Cylindres transparents

Les cylindres transparents sont des symboles d'évolution personnelle et spirituelle, nous aidant à trouver notre voie dans cette ville du futur en constante transformation. Ils permettent de prendre conscience que la lumière de la connaissance et de la vérité brille à travers les différents plans de l'existence, offrant ainsi un aperçu des mystères de l'Univers et de la signification profonde de la vie.

Dôme transparent

Le dôme symbolise la transparence et la clarté, mettant en lumière la volonté de créer un monde où les barrières de la compréhension et de la communication sont brisées. Il représente le désir de transcender les différences culturelles, les conflits et les divisions, favorisant ainsi l'unité et la coopération entre les habitants de cette ville du futur.

Enfants en tenue blanche

Ces enfants sont porteurs d'une sagesse profonde et d'une connaissance intuitive. Leur présence dans cette cité futuriste est un signe que des guides spirituels plus avancés sont parmi nous. Ils sont là pour aider et guider les âmes égarées vers un chemin de lumière. Leur regard bienveillant et leurs gestes affectueux ouvrent les portes de l'illumination et de la guérison.

Gondole

La gondole, symbole spirituel dans une ville du futur, évoque l'union harmonieuse entre la technologie et la nature, entre l'homme et son environnement. Elle devient ainsi un pont entre le passé et l'avenir, entre la surface de la cité opulente et les profondeurs de l'âme humaine. Elle est un miroir réfléchissant vos choix, vos possibilités et les destinées disponibles pour votre futur.

Ile flottante

Cette ile, suspendue entre ciel et terre, représente le lien éternel et harmonieux entre le monde matériel et le royaume spirituel. Elle symbolise un refuge sacré, un lieu de transcendance où les âmes en quête de vérité et d'illumination peuvent trouver guidance et sagesse. L'ile flottante porte en elle un message de transcendance des limites terrestres et incite chacun à s'élever au-dessus des pensées et des préoccupations matérielles.

Pas flottant

Lorsque le pas flottant dans les airs apparait dans une ville du futur, il apporte avec lui une symbolique spirituelle captivante. Il est le messager d'un monde où les limites de la réalité sont repoussées et où l'imaginaire prend vie. Ce pas suspendu appelle à transcender nos perceptions limitées et à embrasser une nouvelle dimension de conscience. Il représente la libération de nos soucis terrestres et l'ascension vers des horizons plus vastes.

Toge blanche

Les personnes en toge blanche représentent des êtres cultivés et éclairés, dotés d'une sagesse spirituelle profonde. Leur présence dans la ville du futur indique l'importance de la quête de la connaissance et la recherche de la vérité. Ils peuvent représenter des gardiens du savoir et des enseignants souhaitant partager leur sagesse avec les habitants de la ville.

Tour transparente avec symbole

La tour transparente surmontée d'un symbole nous invite à transcender les limites de la réalité quotidienne, à embrasser une vision plus vaste de l'existence et à se connecter à la sagesse universelle. Elle incarne l'union entre la technologie et la spiritualité, créant ainsi un espace où l'homme peut trouver la paix intérieure et la compréhension profonde de lui-même et de son rôle dans l'Univers.

Tramway retourné

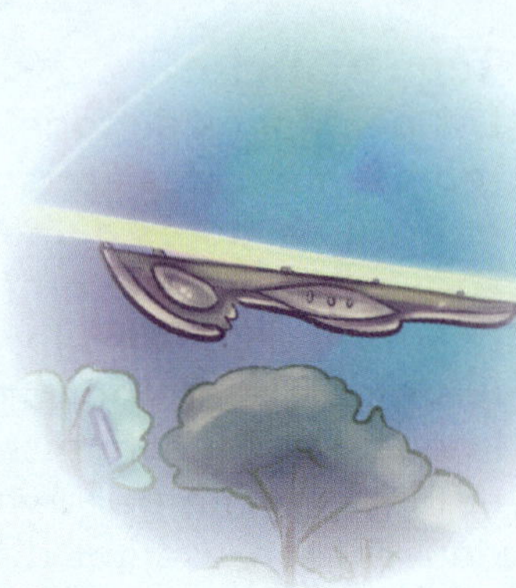

Le tramway incarne la connexion humaine. Comme les artères d'un corps cosmique, il transporte les âmes, les réunissant dans une communion spirituelle. Les passagers, qu'ils soient résidents ou visiteurs, embarquent dans un voyage symbolique où ils laissent leurs différences derrière eux pour ne former qu'une seule entité, fusionnant leurs énergies et créant une harmonie vibrante.

Véhicules boules

Ces véhicules boules symbolisent la complétude et l'unité. Leur forme ronde évoque l'idée de l'infini et de la perfection. La sphère, présente naturellement dans la nature, se retrouve dans les planètes, les étoiles et même nos cellules. Ainsi, ces véhicules en forme de boules nous rappellent notre connexion profonde avec toutes les formes de vie et avec l'Univers lui-même.

Voie lumineuse

Ces tunnels symbolisent le passage d'une réalité limitée à une réalité élargie. Ils nous invitent à explorer les profondeurs de notre être, à nous aventurer au-delà de nos limites matérielles et à embrasser notre essence spirituelle. Ils nous rappellent que la vie n'est pas seulement une expérience physique, mais aussi une exploration de notre propre conscience et de notre connexion avec le divin.

Chère lectrice, cher lecteur,

Un soin tout particulier a été apporté
à la fabrication de ce coffret.

Toutefois, si vous constatiez le moindre
défaut, nous vous invitons à nous envoyer
une photographie de votre coffret
à l'adresse suivante :

info@editionsleduc.com

Nous mettrons alors tout en œuvre
pour répondre à votre demande le plus
rapidement possible.

Cet ouvrage est composé de matériaux issus de forêts bien gérées certifiées FSC®, de matériaux recyclés et de matériaux issus d'autres sources contrôlées. Le Forest Stewardship Council® est une organisation internationale non gouvernementale qui encourage une gestion écologiquement adaptée, socialement bénéfique et économiquement viable des forêts de la planète. Pour en savoir plus, consultez le site www.fsc.org

FSC
www.fsc.org
MIX
Paper from responsible sources
FSC® C149640

L'usine partenaire d'impression dispose d'un certificat d'audit social récent réalisé selon une certification indépendante, garantissant des conditions de travail décentes.

Achevé d'imprimer en mai 2024
par M Paper Asie
Dépôt légal : juin 2024